AF501544

FACULTÉ DE DROIT DE PARIS.

Thèse
POUR LE DOCTORAT

L'acte public sur les matières ci-après sera soutenu
le lundi 18 août 1856, à 9 heures 1/2,

PAR

François-Laurent-Léon VARAMBON
Avocat à la Cour d'appel de Paris.

Président, M. BONNIER, Professeur.

Suffragants : MM. PELLAT, BRAVARD, PERREYVE, Professeurs.
COLMET DE SANTERRE, Suppléant.

PARIS
IMPRIMERIE DE J.-B. GROS ET DONNAUD,
RUE DES NOYERS, 74.

1856

A MON PÈRE, A MA MÈRE.

DROIT ROMAIN.

DE LA CESSION OU VENTE DES CRÉANCES

INTRODUCTION.

1. — Quand une créance est transmise d'une personne à une autre personne, quand il arrive que le bénéfice qui doit résulter d'une obligation se trouve ainsi transporté d'un patrimoine dans un autre patrimoine, on peut dire, dans un sens général, qu'il y a *cession de créances;* et comme il est nécessaire qu'une obligation entraîne au profit du créancier un moyen de rendre son droit utile, en considérant plus immédiatement cette transmission, on peut dire qu'elle contient *cession d'actions*. Cette dernière expression constituait la terminologie des Romains; ils donnaient le nom

d'*actio* à l'exercice d'un droit quelconque ; mais ils se servaient plus spécialement de ce mot *actio* pour désigner l'exercice d'un droit personnel (1), et, par une extension naturelle, ils donnaient cette dénomination à la créance elle-même, qu'ils appelaient aussi *nomen*, en se plaçant à un autre point de vue.

2. — La cession de créances ou d'actions, ainsi entendue, contient l'idée d'aliénation. Cette idée est très rationnelle, car les droits réels, comme les droits personnels, en les considérant sous le point de vue de leur objet, constituent pour nous des biens, c'est-à-dire des avantages matériels et appréciables, et par conséquent rien ne s'oppose à ce que nous puissions disposer de la cause, c'est-à-dire du droit, pour transmettre l'effet, c'est-à-dire l'émolument.

3. — On peut donc s'étonner que les Romains aient regardé comme impossible l'aliénation des droits personnels, des créances (2). Cette manière de voir tient à une habitude de langage qui s'est même conservée chez nous (3). Les Romains divisaient les choses, *res* (ce qui compose notre patri-

(1) V leg., 28, ff. de oblig. et act

(2) V. G. C. III. § 35 et § 38.

(3) V. M. Pellat, Principes généraux du D. R. sur la propriété, etc., n° 6. V. aussi M. Bonnier, Elem. de proc. civ., n° 1321.

moine), en *res corporales* et *res incorporales* (1). Et l'on se ren dcompte de cette division en considérant que, quand les hommes parlent du droit de propriété, leur affirmation porte immédiatement sur la chose et médiatement sur le droit, tandis que quand ils parlent de tout autre droit que le droit de propriété, leur affirmation porte immédiatement sur le droit et médiatement sur la chose. De là il est résulté que celui qui veut faire reconnaître son droit de propriété, *vindicat rem*, tandis que celui qui veut faire reconnaître en sa faveur tout autre droit que le droit de propriété, *vindicat jus, rem incorporalem*. Et cependant le droit de propriété n'est pas plus matériel que tout autre droit. Les droits sont toujours incorporels et les choses, objets de ces droits, toujours corporelles. Cette manière de voir a fait que, pour la transmission du droit de propriété, on n'a considéré que la chose, et l'aliénation a paru toute naturelle au moyen de la tradition et des autres modes d'acquisition du droit civil; tandis que, pour la transmission des autres droits, comme on ne considérait que le droit, on y trouva plus de difficulté; aussi, pour aliéner les choses incorporelles, les Romains n'employaient pas la tradition, ils se servaient spécialement de la *mancipatio* et de la *cessio in jure* (2).

(1) V. G. C. II., § 12.
(2) V. G. C. II., § 28 et seq.

4.—Il semblerait donc que les droits personnels dussent se transmettre par la *cessio in jure*, qui était le mode le plus général d'aliéner les choses incorporelles (1). Et cependant Gaïus nous dit : *Obligationes quoquo modo contractæ, nihil eorum recipiunt*; c'est-à-dire qu'on ne peut les aliéner ni par la tradition, ni par la mancipation, ni par la *cessio in jure*, ni par aucun autre mode. Le résultat s'explique facilement par l'habitude de langage dont nous avons parlé (2). En effet, il s'agissait de choses incorporelles, par conséquent, les Romains considéraient immédiatement le droit; or qu'est-ce que le droit d'obligation ? c'est, disaient-ils, la relation juridique (*vinculum juris*) qui existe entre deux personnes déterminées; changez une des personnes, la relation s'évanouit, le droit n'existe plus; il ne peut donc le transmettre puisque sa transmission opère son extinction. Le droit personnel, ainsi envisagé, est donc intransmissible (à titre particulier). Si l'on considérait le droit réel de cette manière, on pourrait dire de même qu'il est intransmissible puisqu'il consiste aussi dans une relation d'une personne avec une chose ; si vous

(1) V. Ulpien, XIX, § 2.

(2) Il ne faut donc pas dire avec quelques auteurs (V. Ulrich Huber, ad Inst. de mand., § 3), que dans le système du D. R. la créance ne pouvait se transporter par cette raison que c'était une chose incorporelle.

changez la personne, la relation, c'est-à-dire le droit s'évanouit. Un droit quelconque, réel ou personnel, n'est, à vrai dire, qu'une certaine faculté donnée par la loi à un particulier, si l'on admet que ce pouvoir (cette faculté) puisse être transporté quand il est général et absolu, pourquoi ne pas admettre le même résultat quand il est plus restreint ? Ainsi donc, si les Romains avaient considéré l'objet du droit personnel et non le droit en lui-même, ils ne seraient pas arrivés à ce résultat de l'incessibilité des créances. Mais comme il est dans la nature des choses que les biens puissent être transmis, nous verrons par quels moyens les Romains sont arrivés à permettre en pratique ce qu'ils n'admettaient pas en théorie.

5.—Les droits, tant réels que personnels, considérés quant à leur objet, sont donc susceptibles d'aliénation. Nous ne nous occuperons dans ce travail que de l'aliénation des créances et plus spécialement de l'aliénation volontaire qui a lieu à titre de vente. Dans la première partie, nous examinerons cette matière en droit romain, et la seconde partie sera consacrée à la même étude en droit français.

CHAPITRE PREMIER.

NOTIONS HISTORIQUES SUR LA CESSION.

6. — La cession d'une créance est l'acte par lequel une personne aliène sa créance au profit d'une autre personne. Nous avons déterminé comment les Romains avaient été amenés à regarder cette aliénation comme impossible. Gaius nous en donne un exemple frappant, en nous présentant l'hypothèse d'un héritier qui a fait adition d'hérédité, et qui cède *in jure* son droit d'hérédité (1). L'héritier, en faisant cette cession, veut que le cessionnaire devienne : 1° débiteur, 2° créancier, 3° propriétaire, comme l'était le défunt; et lui, veut cesser : 1° d'être débiteur, 2° créancier, 3° propriétaire. Gaius décide que 1° le premier de ces effets ne peut pas avoir lieu, car on ne peut pas cesser d'être débiteur par sa seule volonté, « nihilominus ipse heres permanet et ob id » a creditoribus tenebitur. » 2° Il n'a pas pu rendre le cessionnaire créancier, parce que les créances sont intransmissibles, et comme il a manifesté

(1) V. G. C. II., § 35.

l'intention de ne plus être créancier, « debita per- « eunt, eoque modo debitores hereditarii lucrum « faciunt. » Ce résultat bizarre et contraire à l'intention des parties, nous montre bien que l'intransmissibilité des créances était reconnue à Rome d'une manière formelle (1); 3° « corpora ejus here- « ditatis perinde transeunt ad eum cui cessa est he- « reditas, ac si ei singula in jure cessa fuissent. »

7. — Les créances étaient donc intransmissibles; cet état de choses, qui peut se comprendre à l'enfance d'une civilisation, présentait de trop graves inconvénients, pour se perpétuer longtemps. C'était retirer du commerce une notable portion des biens qui existent dans notre patrimoine sous forme de créances; c'était en outre se priver d'un puissant moyen de crédit.

D'ailleurs, à Rome, une circonstance spéciale devait hâter l'admission de la cession des créances, c'était la position particulière du mandataire qui, à la différence de ce qui se passe chez nous, contractait en son nom, acquérait pour lui, devenait créancier, propriétaire, sauf à transporter les résultats de l'opération sur la tête du mandant (2).

(1) Les créances passaient bien, en fait, de la tête du défunt sur celle de l'héritier; mais il ne faut pas voir là une exception à l'idée d'intransmissibilité, car l'héritier, par suite d'une fiction, était considéré comme le continuateur de la personne du défunt; il n'y avait donc pas transmission.

(2. V. leg. 11, ff. de oblig. et act.

Il fallait donc que le mandataire pût transmettre au mandant les créances qu'il avait acquises.

8.—Les besoins de la pratique indiquaient la nécessité de la cession, et même la théorie avait entrevu que la créance était un bien susceptible d'*aliénation*. Car nous trouvons que Gaius qualifiait d'aliénation l'acte par lequel le créancier reçoit le paiement de ce qui lui est dû (1). Cette idée était bien près de l'idée de cessibilité des créances, et, cependant, nous voyons le principe d'incessibilité maintenu jusque dans les derniers temps. Nous sommes habitués à voir les Romains conserver ainsi un principe ancien qu'ils modifient par des moyens habiles et ingénieux, de sorte que leur législation présente un ensemble toujours admirable de logique et d'enchaînement.

9. — Le premier moyen, dont on se servit pour arriver à la transmission des créances, fut la *delegatio ex stipulatione*. — « Opus est, dit Gaius, ut « jubente me tu a debitore meo stipuleris, quæ res « efficit ut a me liberetur et incipiat tibi teneri, « quæ dicitur novatio obligationis. » Le créancier cédant déléguait son débiteur au cessionnaire, c'est-à-dire que le créancier qui voulait céder son droit, donnait mandat à celui qui voulait acquérir la créance de stipuler du débiteur (qui va se trouver

(2) V. G. C. II., § 84.

libéré de son ancienne dette) une nouvelle créance. Ce moyen bien imparfait, puisqu'il contenait nóvation, fut le seul employé sous la procédure des *legis actiones*. « Qui delegat debitorem, dit Cujas, « actionem amittit, quoniam fit novatio. » Ce moyen présentait un double inconvénient : 1° la novation conventionnelle entraîne extinction des garanties de l'obligation primitive (1) ; or, il pouvait être très-utile de conserver les accessoires de l'obligation primitive ; 2° il fallait le concours du débiteur délégué (2), or il pouvait le refuser et empêcher ainsi le résultat cherché. Il fallait donc un mode de cession plus efficace et qui dépendît moins de la volonté du débiteur.

10. — Sous le système formulaire, on imagina un autre moyen. Tant que dura le système des actions de la loi, on ne pouvait pas se faire représenter en justice, sauf quelques exceptions (3), et, comme on ne pouvait transférer l'exercice du droit, l'incessibilité du droit lui-même se trouvait fortement établi. Mais le système des actions de la loi *paulatim in odium venerat*, et quand les vieilles formes de la procédure romaine furent abrogées,

(1) V. leg. 18, ff., de novat. et leg 29, eod.
(2) V. leg I., C. de novat.
(3) Au nombre de cinq : 1° pro populo ; 2° pro libertate ; 3° pro tutela ; 4° pro captivis ex lege Hostilia ; 5° pro peregrino ex legibus repetendarum.

cœperunt homines per procuratores litigare, comme dit Justinien. Une fois cet usage de se faire représenter en justice admis, il ne fut plus nécessaire de recourir à la délégation *ex stipulatione*, et celui qui voulait céder sa créance, donna tout naturellement mandat, à celui à qui il voulait la transmettre, de l'exercer pour lui contre le débiteur (1). Le mandat *ad litem* est donc la seconde forme que revêtit la cession des créances ; et comme ce mandat était donné dans l'intérêt exclusif du mandataire, ce mandataire s'appela *procurator in rem suam*.

11. — Lorsque le cessionnaire, le *procurator in rem suam* voulait exercer les poursuites contre le débiteur cédé, il demandait au préteur la délivrance d'une formule semblable à celle qui était donnée au mandataire ordinaire (2) ; *Qui alieno nomine agit intentionem ex persona domini sumit*. Le juge examinait donc s'il était dû au mandant ; *condemnationem autem in suam personam convertit*, et la dette une fois reconnue, il prononçait la *condemnatio* au profit du mandataire.

12. — La *litis contestatio* faisait naître une nouvelle obligation qui était acquise au cessionnaire ; à partir de ce moment, il devenait *dominus litis* et acquérait un droit propre à la *condemnatio*.

(1) V. G. C. II., § 39.
(2) V. G. C. IV., § 86.

C'était au cessionnaire ou contre lui qu'était donnée l'*actio judicati* (1); il pouvait continuer les poursuites malgré la mort du mandant (2) et même se substituer un *procurator* (3). Enfin, s'il venait à mourir son droit passait à ses héritiers (4).

13. — Il ne paraît pas qu'à l'origine on ait établi aucune règle spéciale pour le cas de mandat qui nous occupe ; le *procurator in rem suam* était soumis aux règles ordinaires concernant les mandataires. Cependant le *procurator in rem suam* se distingue essentiellement du *procurator in rem alienam*, en ce qu'il n'est pas tenu de rendre compte au mandant ; cela résulte de la nature même de l'opération qui est intervenue. Le mandant ici est censé avoir renoncé aux actions qu'il aurait eues pour se faire rendre compte. Et de cette idée résultent plusieurs différences que nous allons énumérer et qui vont nous montrer que pour le *procurator in rem suam*, qui n'est pas obligé de rendre compte, on avait en quelque sorte et dans certains cas avancé les effets du *dominium litis*.

Ainsi le dol du *procurator in rem suam* doit être pris en considération par le juge, alors même qu'il

(1) V. frag. vat., § 317. V. leg. 28, de procurat., ff.
(2) V. leg. 23, de procurat., C.
(3) V. leg. 8, § 3, ff., mandati.
(4) Arg. leg., 7, de cognit., C. Théod.

aurait été pratiqué avant la *litis contestatio* (1), le juge ne pourrait prendre en considération que le dol présent du *procurator in rem alienam* parce qu'il n'est pas *dominus litis*, il n'est pas à la place du maître tant qu'il n'y a pas eu *litis contestatio* (2).

Le *procurator in rem suam* pouvait valablement faire un pacte avec le débiteur cédé (3) *quia ei solvi potest*, ce que ne pouvait pas faire le *procurator in rem alienam quia ei solvi non potest*. Il pouvait valablement déférer le serment extra-judiciaire au débiteur cédé même avant la *litis contestatio*. (4)

Il pouvait opposer en compensation la créance cédée, *même avant la litis contestatio* (5).

Enfin, quand il y eut assimilation du *procurator* au *cognitor* et que *l'actio judicati* fut accordée au *dominus* et non plus au *procurator*, elle continua d'être accordée au *procurator in rem suam* (6).

14.—Remarquons encore que le *procurator in rem suam* qui est un *procurator ad litem* se distingue bien nettement du *procurator ad litem* or-

(1) V. leg. 4, § 18, ff., de doli mali et met.
(2) V. leg. 11, eod.
(3) V. leg. 13, § 1, 10, § 2, 11, 12, ff., de pactis.
(4) V. leg. 17, § 3, ff., de jurejurando.
(5) V. leg. 18, de compensat. — Nous adoptons ici l'opinion de Cujas déjà soutenue avant lui par Paul de Castro.
(6) V. leg. 4, ff., de re judicata. V. leg. 13, § 25, de act. empti, ff.

dinaire; c'est-à-dire du *procurator ad litem in rem alienam*. En effet, celui-ci (à moins d'une clause formelle du mandat) n'a pas pouvoir pour recevoir le paiement, tandis qu'il résulte de la nature même des choses que le *procurator in rem suam* a ce pouvoir (1).

15.—Tel fut le moyen que l'on employa sous le système formulaire pour arriver à la transmission du droit personnel. Il nous faut maintenant comparer ce procédé avec celui dont on se servait sous la procédure des *legis actiones*, et voir si ce mandat *ad litem* avait atteint complétement le but qu'on se proposait.

Le mandat *ad litem* avait ce grand avantage sur la délégation *ex stipulatione* qu'il n'exigeait pas le concours du débiteur cédé (2) et qu'il laissait subsister l'ancienne créance avec toutes ses garanties. Mais la délégation avait pour effet de donner au délégataire un droit indépendant et irrévocable, tandis que, comme nous allons le démontrer, le mandat ne conférait au *procurator* qu'une situation précaire et incertaine.

16.—En comparant le *procurator in rem suam* avec le *procurator in rem alienam*, nous avons vu

(1) Conf. leg. 4, pr de re judicata, cum lege 86, de solut , ff..

(2) V. leg. 1., C., de novat. et deleg

que, pour le premier, la doctrine avait avancé quelques-uns des effets du *dominium litis*. Mais la position du cessionnaire n'en était guère meilleure.

Il n'acquérait en effet la plénitude du *dominium litis*, et son droit ne devenait assuré que par suite de la novation judiciaire résultant de la *litis contestatio*; parce qu'alors la *litis contestatio* opérant novation, la première créance était éteinte, et il en naissait une nouvelle au profit du *procurator*; son droit alors devenait irrévocable et celui du créancier était paralysé (1). Or jusque là, le cessionnaire était à la merci du cédant, qui, restant toujours créancier, malgré le mandat donné, pouvait rendre la cession inutile, en intentant lui-même l'action avant que le mandataire eut pu agir, en transigeant, en novant, en compensant sa créance. Il est vrai que, lorsque la cession avait pour cause la vente, l'acheteur avait un recours contre son vendeur (2). En effet, par l'action *empti*, le vendeur ayant reçu le prix de la créance, peut être forcé à la restituer: « Nominis emptor quid« quid vel compensatione vel exactione fuerit con-

(1) Il faut remarquer que la *litis contestatio* n'opérait pas toujours novation (V. G. C. III., § 180 et 181), et quoique le cessionnaire fut néanmoins *dominus litis* (V. leg. 4, § 5, de appel, ff., et V. leg. 11, de doli mali et m.), le cédant pouvait toujours agir contre le débiteur; il est vrai qu'il sera repoussé par l'exception *rei in judicium deductæ* ou *rei judicatæ*.

(2) V. leg. 23, § 1, h. t.

« secutus integrum emptori restituere compelli-
« tur. » Mais la vente n'était pas la seule cause qui pouvait amener la cession d'actions et alors la position du cessionnaire était tout à fait précaire. D'ailleurs, même dans le cas de vente, le cessionnaire était toujours à la merci du cédé qui pouvait payer au cédant et obtenir ainsi sa libération.

17.—D'autres inconvénients résultaient de l'application faite au *procurator in rem suam* des règles générales du mandat. Ainsi le mandat s'éteignait par la mort du mandat. Si donc le cédant venait à mourir avant la *litis contestatio*, le cessionnaire était réduit à demander un nouveau mandat aux héritiers, et s'il n'y avait point d'héritier, tout était perdu pour lui. La seule ressource pour le cessionnaire dans ce cas, selon Gordien, sera dans l'action utile (1); donc, avant l'introduction de ces actions, il est bien vrai de dire que le mandat finissait par la mort du mandant.

Un autre inconvénient du mandat *ad litem*, c'est que, avant la *litis contestatio*, le cessionnaire ne pouvait pas se substituer un procureur ; il ne pouvait pas, à son tour, faire cession de la créance qui lui avait été cédée. De là la règle : ***Procuratorem ante litem contestatam procuratorem facere non posse*** (2).

(1) V. leg. 1, C., de oblig. et act.
(2) V. leg. 8, ff., mandati, § 3.

Ainsi donc, toute la théorie de la cession à cette époque consistait dans un mandat de l'action ; le propriétaire d'une créance ne pouvant l'aliéner en tant que créance, confiait l'exercice de son droit à une autre personne qui ne lui rendait pas compte. Nous avons vu les inconvénients de ce système, provenant du maintien du droit du mandant et amenant pour le cessionnaire une position précaire. Il fallait donc, sans éteindre le droit de propriété du mandant, ce qui eût été contraire aux principes, empêcher les conséquences fâcheuses de ce maintien du droit dans les mains du cédant.

18.—Ce résultat commença par être produit par la célèbre constitution de Gordien (1), rendue en l'an 240. Elle vint au secours du cessionnaire en lui permettant de rendre son mandat irrévocable dès avant la *litis contestatio*. Cette constitution est ainsi conçue : « Si delegatio non est interposita « debitoris tui, ac propterea actiones apud te re- « manserunt, quamvis creditori tuo adversus eum « solutionis causa mandaveris actiones, tamen « antequam lis contestetur vel aliquid ex debito « accipiat, vel debitori tuo denuntiaverit, exigere « a debitore tuo debitam quantitatem non vetaris « et eo modo tui creditoris exactionem contra eum « inhibere. »

(1) V. leg. 3, C., de novat.

Ainsi Gordien défend au cédant de recevoir le paiement du débiteur cédé ou de l'actionner dans trois cas : 1° s'il y a *litis contestatio* opérée du chef du cessionnaire ; 2° si le cessionnaire a déjà touché une partie de la dette ; 3° enfin, si le cessionnaire a fait connaître la cession au débiteur, *si debitori tuo denuntiaverit*.

Voilà donc la position du cessionnaire qui devient meilleure, car il peut faire immédiatement *litis denuntiatio*, et, dès lors, il est efficacement protégé, puisqu'il est sauvegardé à la fois contre les actes par lesquels le cédant aurait pu rendre la cession illusoire, et contre le paiement anticipé que pouvait faire le débiteur cédé, entre les mains du cédant.

19. — C'est ainsi que cette constitution est entendue par Doneau (1), et ce sens est généralement admis. Cujas (2) et le président Favre (3) pensent qu'elle se réfère non à l'hypothèse d'une cession, mais bien au cas d'un mandat ordinaire.

« Hi tres casus, dit Cujas, nihil pertinent ad « procuratorem in rem suam, quoniam is nullo « modo, nullove tempore revocari potest .... » On voit la raison que donne Cujas. Cette constitution, selon lui, serait inutile, si elle s'appliquait au cas

(1) V. De Jure civili, lib. XV., ch. 44, § 20 et seq.
(2) V. Respons. Papin. ad leg. 18, de compens.
(3) V. Conject. 12, C., 6, 6.

de cession, puisque même avant la *litis contestatio* le mandat *in rem suam* était irrévocable, et pour preuve de cette proposition il invoque les actions utiles accordées au cessionnaire. Nous rejetons complétement cette manière de voir, car c'est justement l'obtention des actions utiles qui nous montre que le mandat *ad litem* pouvait être révoqué avant la *litis contestatio*. En effet Ulpien suppose que le *dominus* resté créancier malgré le mandat qu'il a donné à celui qui est devenu *procurator in rem suam*, se présente pour agir contre le débiteur, il sera repoussé, et cela parce que l'action utile dont le cessionnaire est investi, paralyse l'action directe (1). Or ces actions utiles n'étaient pas introduites depuis longtemps, donc auparavant le mandat pouvait être révoqué avant la *litis contestatio*. D'ailleurs les actions utiles n'avaient pas été étendues encore à tous les cas et l'on comprend parfaitement l'utilité de la constitution de Gordien.

20. — Il faut maintenant nous demander ce que c'était que cette *litis denuntiatio* dont parle le texte. Doneau (2) et J. Sande (3) ont pensé que ce n'était pas un acte solennel et qu'il suffisait que le débiteur cédé eût eu connaissance de la cession de

(1) V. leg. 55, ff., de procurat.

(2) V. De jure civili, lib. XV., 44, § 21 et seq.

(3) V. J. a Sande de act. cessione, C., 12, n° 18 et 19. (V. auss Brunneman, de cess. act. C., 5, n° 24.)

quelque manière que ce fût, soit par le cessionnaire, soit par toute autre personne, pour qu'il lui fût interdit de payer au cédant (1). Le président Favre, (2) pense au contraire que pour appliquer la constitution, il faut que ce soit le cessionnaire lui-même qui avertisse le cédé qu'il y a eu cession.

Doneau s'appuie sur la loi 4, C. *quæ res pignori oblig*. et il interprète en sa faveur le mot *certior* appliqué au débiteur, il le prend dans un sens général; il dit qu'il suffit que le débiteur cédé soit devenu *certior exhibito instrumento cessionis*, ou par l'aveu spontané du créancier cédant. Il cite la loi 17, ff. *de transactionibus*, et en conclut que la dénonciation n'est pas indispensable, mais qu'il suffit que le cédé ait eu connaissance de quelque manière que ce soit. Il ajoute que Bartole est de cet avis (3).

Nous pensons qu'il convient d'adopter l'opinion du président Favre. D'abord la loi 17, *de transactionibus*, ff. ne prouve rien, car Papinien nous montre un héritier qui a fait cession de son droit d'hérédité, et qui opère une transaction avec un débiteur héréditaire qui ignore la cession (qui a été faite par cet héritier), et il décide que ce débi-

(1) V. Voët ad Pand., lib. 18, t. 4, n° 15. — Ad tit., Cod., 34, lib. 4, n° 12.

(2) V. Conject., lib. 12, C, 3, § 4 et seq.

(3) V. Magn. Gloss. in lege 1, de operis novi nuntiat.

teur doit être secouru contre le cessionnaire qui voudrait agir. Mais Papinien ne nous dit pas si le débiteur, ayant connu cette vente et transigeant avec l'héritier, sera dans tous les cas et nécessairement soumis à l'action de l'emptor, du cessionnaire: la loi 4, au Code, est invoquée dans les deux opinions; nous n'en parlerons pas. Nous ferons remarquer qu'il résulte clairement de la constitution même de la phrase de Gordien, que l'acte de dénonciation doit émaner du cessionnaire, car le sujet du verbe *accipiat* est évidemment le cessionnaire et c'est aussi celui du verbe *denuntiaverit*.

Mais, ce qui nous paraît décisif, c'est que Gordien énumère avec la *denuntiatio*, deux faits distincts qu'il met sur la même ligne et qui produisent le même effet. Or, si l'on entendait *denuntiatio* comme l'entend Doneau, il n'y aurait réellement qu'une seule circonstance : la connaissance acquise de la cession par n'importe quel moyen qui fût de nature à rendre le mandat irrévocable. En effet, le cédé qui a éprouvé la *litis contestatio* du chef du cessionnaire, ou qui a fait un commencement de paiement entre les mains du cessionnaire, connaît évidemment la cession. La loi 3 C. *de novat.*, serait donc inexacte, et il serait faux de nous énumérer ces trois faits comme paralysant le droit du cédant.

Nous concluons donc que la *denuntiatio* est un

acte émané de la personne même du cessionnaire.

21. — Il nous reste à savoir dans quelle forme se faisait cet acte. Nous n'avons aucun texte sur cette question, nous ne ferons donc qu'indiquer les conjectures qui sont admises sur ce point.

Il paraît que la *litis denuntiatio* était la déclaration par laquelle le demandeur, au moment de la *vocatio in jus*, faisait connaître à son adversaire la nature de sa prétention. Dans l'ancienne procédure, le défendeur appelé *in jus*, ne connaissait pas l'objet de la demande, et, pour préparer sa défense, il était obligé de demander un délai. La *litis denuntiatio* avait pour but d'éviter ce résultat, qui entravait la marche du procès. Elle paraît avoir été inconnue du temps de Plaute et avoir commencé à être en usage du temps de Térence. Ce n'était d'ailleurs, à cette époque, qu'une faculté pour le demandeur. Aurelius Victor semble dire qu'elle fut introduite dans la pratique par Marc-Aurèle ; la loi 20, § 6, *de hered. pet.*, semble attribuer cette innovation à Adrien, et la loi 7 *de inoffic. test.* à Antonin. Quoi qu'il en soit, sous les empereurs romains, la *litis denuntiatio*, tout en restant acte extra-judiciaire, devint le mode ordinaire d'ajournement. Jusqu'à Constantin, elle n'était qu'un acte purement privé fait en présence de témoins. Cet empereur en fit un acte public. La citation était constatée par un procès-verbal dressé par un officier public ayant le *jus actorum conficiendorum* (1).

Gordien, par sa constitution, n'a fait que transporter à la *litis denuntiatio* l'effet principal de la *litis contestatio* ; et quand la *litis denuntiatio* disparut comme mode d'ajournement (2), elle garda son utilité dans le cas de cession. C'est pourquoi, dans le Code de Justinien, on n'en parle qu'à propos de la cession.

22.—On peut faire une objection à cette manière d'envisager la *litis denuntiatio*. En effet, si la *litis denuntiatio* est une forme pour introduire l'instance, pourquoi Gordien parle-t-il de la *litis contestatio*, puisque, quand la *litis contestatio* aura lieu, le droit du cessionnaire sera déjà assuré. A ceci, on peut répondre que la *litis denuntiatio*, même sous les empereurs chrétiens, n'était pas le mode général d'introduction de l'instance, et que souvent le procès était engagé *per libellum* (3). Dès lors on s'explique qu'il n'était pas inutile de comprendre la *litis contestatio* parmi les événements qui rendaient irrévocable le mandat du cessionnaire.

23.— Cet effet, attaché par Gordien à la *litis*

(1) V., sur cette matière, Bonjean, Traité des actions, t. I., § 193 et 243.

(2) Sous Justinien, où l'assignation avait lieu dans tous les cas *per libellum conventionis*. V. Bonjean, loc. cit., § 247.

(3) V. Bonjean, § 243, in fine.

denuntiatio, remédiait à cet inconvénient que nous avons signalé, qui consistait en ce que, jusqu'à la *litis contestatio*, le cessionnaire était à la merci du cédant et du cédé. A partir de la *litis denuntiatio*, le droit du cessionnaire est assuré, mais en ce sens seulement que le cédant ne pouvait plus rendre la cession inutile et que le cédé ne pouvait plus payer au cédant. Restent donc encore les deux autres inconvénients que nous avons mentionnés, c'est-à-dire ceux qui résultent de l'extinction du mandat par la mort du mandant ou du mandataire, et de cette impossibilité pour le cessionnaire de se substituer un *procurator* avant la *litis contestatio*. Car il faut bien remarquer que la *litis denuntiatio* n'entraînait pas novation comme la *litis contestatio*, et ne donnait pas, par conséquent, un droit propre au cessionnaire, qu'il eût pu transmettre soit à ses héritiers, soit à un mandataire. Pour remédier à cette seconde clause d'inconvénients, on eut recours aux *actions utiles*.

24. — Le droit civil à Rome avait tout réglé déterminément, les modes d'acquérir, les cas dans lesquels il y avait obligation, et ceux dans lesquels il y avait action. Primitivement cet état de choses suffit aux besoins, mais toute législation est soumise aux changements que nécessitent les nouveaux rapports produits par la civilisation. Les Romains restèrent toujours fidèles à leur droit

primitif; ils en modifièrent les principes sans les abroger, de sorte que, sachant toujours déduire logiquement les conséquences, il leur fut toujours possible de se guider dans la théorie, et sachant être ingénieux, ils purent se plier à toutes les nécessités de la pratique. Les législations modernes sont loin de suivre la même marche, un ancien principe produit-il aujourd'hui une conséquence inadmissible, on change le principe, et comme tout se tient et s'enchaîne dans le droit, comme dans toutes les connaissances humaines, il en résulte que ce changement partiel nécessite d'autres changements; de sorte que, de changements en changements, les principes disparaissent et que la législation ne présente plus qu'un amas considérable de lois conçues sous l'influence d'idées différentes, souvent contradictoires, et dont le nombre trop considérable ne fait qu'entraver la pratique.

25. — Les actions utiles sont un exemple de cette marche du droit romain. L'expression *action utile* indique une action étendue par l'interprétation ou par l'usage, sous l'influence des préteurs, du cas pour lequel elle avait été créée à un cas analogue, *utilitate suadente*. Les Romains n'abrogèrent pas le principe de l'extinction du mandat *ad litem* par la mort du mandataire avant la *litis contestatio*, mais ils accordèrent aux héritiers de ce mandataire une action utile pour poursuivre la

créance, comme s'ils étaient eux-mêmes mandataires (1). L'empereur Gordien (2) accorda au cessionnaire le droit de continuer les poursuites, bien que le cédant fût mort avant la *litis contestatio*.

De sorte que le mandat qui, rigoureusement, était éteint, fut en réalité continué, malgré la mort du mandant et celle du mandataire.

Aucun texte ne nous dit à quelle époque les héritiers du cessionnaire purent ainsi agir par l'action utile. On peut conjecturer que cette action est d'origine prétorienne, à la différence des autres qui, presque toutes, ont été introduites par les empereurs. Et c'est peut-être pour cela qu'elle n'est mentionnée qu'incidemment dans le Code de Justinien.

26. — On alla plus loin, et l'on accorda l'action utile dans le cas où il n'y avait aucun mandat, mais où il était équitable qu'il fût donné. Ainsi, Antonin avait donné l'*actio utilis* à l'acheteur d'une hérédité (3) ; c'est le premier exemple d'action utile que nous trouvions dans le Dig. Mais on peut présumer qu'Antonin n'avait fait que confirmer et étendre la jurisprudence prétorienne.

(1) Pendant longtemps cette action ne fut donnée que dans le cas de cession à titre onéreux. Ce fut Justinien qui l'a étendue même au cas de cession à titre gratuit. V. leg. 33, C., de Donati. V. leg. 7 et 8, C., de act. vel. hered. vend.

(2) V. leg. 1, C., de oblig. et act.

(3) V. leg. 16, ff., de pactis.

A l'imitation de ce qu'avait fait Antonin, des actions utiles furent accordées : au créancier qui avait reçu en gage une créance (1), à celui qui achète du créancier gagiste la créance qui lui a été donnée en gage (2), au mari qui avait reçu en dot une créance (3), au créancier qui avait accepté une créance en paiement (4), aux légataires de créances (5). Elles furent aussi accordées en cas de vente d'une créance (6). Enfin, Justinien, comme nous l'avons dit, l'étendit en cas de donation (7). Presque toutes ces constitutions n'étaient que des rescrits; mais la jurisprudence tendit à généraliser cette tendance, de sorte que l'action utile ne fut plus considérée comme un secours subsidiaire, caractère qu'elle paraît avoir eu (8) à son origine. Ce qui n'empêcha pas que l'on pût demander la cession d'actions (9).

27. — On ne s'arrêta pas dans cette voie, et les actions utiles furent accordées dans certains cas, non-seulement sans qu'il y eût mandat donné ;

(1) V. leg. 4, C., quæ res pign.
(2) V. leg. 7, C., de hered. vel act. vend.
(3) V. leg. 2, C., de oblig. et act.
(4) V. leg. 2, C., quando fiscus.
(5) V. leg. 18, C., de legatis.
(6) V. leg. 8, C., de hered. vel act. vend.
(7) V. leg. 33, C., de donat.
(8) V. Cujas, IX., p. 241. Et Accurse, in leg. 1, C., de oblig. et act.
(9) V. C. Leg. 8, de heredit. vel act. vend.

mais même sans qu'il y eût intention de le donner ; l'action utile était donnée en vertu même de la loi (1).

28. — Donc en résumé, et dans le dernier état du droit, nous arrivons à ce résultat que l'action utile était donnée : 1° dans le cas de mandat, si ce mandat venait à s'éteindre ; 2° dans le cas où le mandat n'était pas donné, mais devait l'être ; 3° dans certains cas, sans qu'il y eût mandat donné ou devant l'être en vertu de la loi elle-même.

29. — Un autre résultat qui se rattache à la même innovation empêcha enfin le dernier inconvénient que nous avons signalé ; le cessionnaire eut la faculté de céder même l'action directe avant de se l'être appropriée par l'effet du *dominium litis* résultant de la *litis contestatio*, comme il aurait pu céder l'action utile qui échappait à la maxime, *procuratorem ante litis contestatam procuratorem facere non posse* (2).

Cette introduction des actions utiles nous conduit bien loin du point de départ, car la cession pour laquelle il fallait autrefois une délégation ou un mandat devint directement possible par la volonté des parties. Remarquons toutefois que le cessionnaire, tant qu'il n'y avait pas un mandat, ne pou-

(1) V. leg. 2, C., de contr. jud. tut. (5—8). (V. Cujas, ad leg. 38, de adm. tut.).

(2) V. leg. 8, § 3, ff., mandati.

vait pas exercer l'action directe qui continuait d'appartenir au mandant. Mais il avait l'*actio utilis* et l'*actio utilis* intentée par le cessionnaire l'emportait toujours dans le cas de concours sur l'action directe intentée par le cédant (1).

30. — Il nous reste maintenant à examiner quels étaient les effets et la portée de cette introduction des actions utiles. — Deux systèmes sont en présence. D'après les auteurs anciens (2), l'action utile a un caractère propre et distinct de l'action directe, de sorte que la position du débiteur vis-à-vis du cessionnaire a été changée. Il n'y a plus de mandat ni dans la forme ni dans le fond ; le cessionnaire peut faire abstraction de son cédant et agir en véritable créancier ; le débiteur peut repousser l'action du créancier en alléguant la vente comme autrefois il aurait allégué le mandat (3), de telle sorte que la cession des créances a lieu *solo consensu*, par le moyen des actions utiles.

31. — Nous n'avons pas adopté ce système,

(1) V. leg. 55 de procurat. ff. V. Magn. gloss. Accurse dit qu'il n'en était ainsi que si le cessionnaire avait dénoncé la cession au cédé ou reçu un paiement partiel. — Ma's Sande, C., 12, n° 4, et Brunneman, C., 5, n° 36, n'adoptent pas ce sens restrictif.

(2) V. Doneau, XV, C., 44, § 25. — Ant. Fab. conject. lib. 12, C., 9. V. cependant Sande, de actionum cess. 9, n° 8 et 9.

(3) V. Leg., 16, ff., de pactis, et leg. 18, de pign. act., ff.

nous avons suivi les auteurs modernes (1), qui pensent que l'action utile ne modifie pas la position des parties, que la cession d'actions n'a pas disparu complétement, et que le mandat est toujours supposé ; le cessionnaire, quand même il agit par l'action utile, n'est pas considéré comme un successeur à titre particulier du créancier cédant ; mais bien seulement comme son mandataire, de sorte que le débiteur se défendra et accomplira son obligation comme s'il avait à répondre au cédant lui-même.

Nous adoptons ce système parce qu'il est plus conforme à l'idée que l'on se fait généralement des actions utiles. Elles se présentent en effet toujours comme une extension d'une action déjà existante à des cas qui n'étaient pas spécialement prévus. C'est l'ancienne action étendue, et non pas une action d'une autre nature ; ce qui revient à dire que, lorsque le cessionnaire agit par l'action directe, le mandat est donné ; tandis que, lorsqu'il agit par l'action utile, il n'est que sous-entendu. Ainsi peuvent s'expliquer les lois invoquées par Doneau ; elles signifient simplement que le cessionnaire ne peut exercer les actions directes sans avoir reçu un mandat, tandis qu'il peut, sans attendre ce mandat, intenter l'action utile.

(2) V. Mühlenbruch, Doct. pand., § 500, n° 4.

32. — Pour compléter cette exposition historique, il faudrait parler des innovations introduites par Anastase et Justinien ; mais comme ces changements ont modifié les effets de la cession, leur développement se trouvera plus naturellement dans le chapitre IV (1).

CHAPITRE II.

DE LA NATURE DE LA CESSION.

33. — Avant d'étudier les effets de la cession, il nous a paru logique d'en bien déterminer la nature; pour cela, nous étudierons, dans une première section, quelles sont les causes de la cession, en d'autres termes, quelles sont les diverses espèces de cession ; dans une seconde section nous étudierons ce qui fait l'objet même de la cession, c'est-à-dire que nous verrons quelles créances peuvent être cédées. Enfin, dans une troisième section, nous examinerons quelles personnes peuvent faire la cession.

(1) V. hic, n° 74, et seq.

SECTION Ire.

Des divers modes de cession.

34. — La cession de créances ou d'actions, dans un sens large, peut être ou volontaire ou nécessaire. (1) Elle est volontaire quand elle est le résultat de la convention libre des parties, elle est nécessaire quand elle est imposée par la loi. Quoique nous ayons restreint ce travail à l'étude de la cession volontaire à titre de vente, nous croyons utile d'indiquer ici, au moins sommairement, dans quels cas la cession est nécessaire. Ce rapide examen nous permettra de mieux déterminer plus tard les effets de la cession volontaire à titre de vente, puisque nous pourrons les comparer aux effets de la cession nécessaire.

35. — La cession peut être imposée au créancier, ou cédant, dans quatre cas : (2)

1° Au cas de mandat et de gestion d'affaire (3) nous avons déjà signalé cette nécessité de la pratique. Le mandataire et le gérant d'affaire acquérant pour eux les créances, devaient nécessaire-

(1) V. une autre division, Olea, t. I, q. 3.
(2) V. Mühlenbruch, Doct. pand., § 498.
(3) V. leg. 8, in fine, 45, pr., ff., mandati. — 13, de pign. act.

ment les faire passer sur la tête du mandant ou du maître à qui ils doivent compte.

2° Dans le cas où le débiteur d'une chose a acquis des actions à l'occasion de cette chose, il doit les céder au créancier (1).

3° Dans le cas où une personne a plusieurs actions pour se faire indemniser, si elle a obtenu satisfaction d'une autre personne que le débiteur, cette tierce personne peut exiger la cession d'actions (2).

4° La cession doit enfin avoir lieu au profit de ceux qui, étant tenu avec d'autres ou pour d'autres ont payé la dette. C'est là ce qui constitue le *beneficium cedendarum actionum*, qui n'est autre chose en réalité qu'une exception de dol.

Ce bénéfice est accordé aux fidéjusseurs, (3) au tiers détenteur d'une chose hypothéquée, poursuivi par l'action quasi servienne (4) aux coobligés *in solidum* (5), aux *correi promittendi* (6) au *mandator pecuniæ credendæ* (7) au fils de famille hé-

(1) V. leg. 20, § 17, in fine, de hered. pet. — 16, depositi; 14, de furtis. — 38, de evict., ff.

(2) V. leg. 25. in fine locati. — 63, de rei vind. — 6, § 4, nautæ caupones, ff.

(3) V. leg. 17, ff., de fidej. V. Cod., leg. 36.

(4) V. leg. 19, qui potiores in pign. et 57, de Leg. 1°.

(5) V. leg. 47, ff., locati.

(6) V. leg. 65, ff., de evict. arg. a contrario.

(7) V. leg 28, ff., mandati, 41, in fine et 13, de fidej. ff.

ritier de son père pour partie et poursuivi *in solidum*, à raison des dettes qui faisaient partie de son pécule (1), au tuteur et au curateur assimilés dans certains cas aux *mandatores* (2). Ajoutons enfin, quoique nous n'ayons pas de texte, au cas du constitut fait pour la dette d'autrui, car on peut dire avec certitude que si le bénéfice de cession a été admis en cas de fidéjussion, matière *stricti juris*, *a fortiori* il fut admis dans cette matière toute prétorienne.

36. — Il y a un autre genre de cession nécessaire qui est, pour ainsi dire, la contre-partie de celle que nous venons de voir, et nous pourrions dire, pour indiquer cette idée, qu'elle est imposée au cessionnaire. En effet, nous venons d'examiner la cession comme condition de la condamnation, cession faite au profit du défendeur par le demandeur, le juge prononce la condamnation en ordonnant que le créancier fasse la cession. Ici nous voyons la cession comme condition de l'absolution, cession faite au profit du demandeur par le défendeur, de telle sorte que le juge prononce l'absolution en ordonnant que le demandeur devienne cessionnaire, c'est ce qui a lieu dans la loi 21 *de rei vind. et in leg*. 38, § 1, *de Solut.*, ff (3).

(1) V. leg. 18, § 5, ff., fam. ercsisc.
(2) V. leg. 95, § 10, de solut. V. leg. 25, de adm. et peric. ff.
(3) V. aussi leg. 29, § 3, mandati, ff.

37. — Enfin la cession peut être imposée au cédant et au cessionnaire (1). Ainsi c'est ce qui arrive quand le juge, pour éviter les inconvénients du paiement et de la poursuite, met dans le lot de l'un des héritiers la créance entière, qui, de plein droit, en vertu du principe de la loi des XII tables, était divisée entre tous par portions égales. Dans ce cas, le juge obligera les parties à stipuler et à promettre le *mandatum actionum*.

Ce genre de cession a lieu ou *ex auctoritate judicis*, comme dans l'exemple précédent (2), ou par le fait de l'homme au moyen d'un mandat que le cédant donne au cessionnaire, mandat qui est obtenu au moyen de l'exception de dol.

38. — Il y a enfin des cas dans lesquels la cession a lieu *vi ac potestate legis*, c'est-à-dire sans qu'il y ait mandat, sans qu'il y ait intervention du juge, *citra omnem transferendi actum*; une action utile est donnée au cessionnaire ; c'est ce qui a lieu pour le tuteur condamné à raison du fait de son cotuteur, ou même à raison de leur gestion commune, pourvu cependant qu'il ne fût pas coupable de dol (3).

(1) V. leg. 3, ff., famil. ercisc. et leg. 2, § 5, id.
(2) V. aussi leg. 15, § 10, de re judic.
(3) V. leg. 1, § 13 et 14, de tutelæ et rationibus.

SECTION II.

Quelles créances peuvent être cédées.

39. — Nous avons démontré que, rationnellement, les créances étaient susceptibles de cession, et nous avons vu que si, primitivement, ce résultat ne pouvait pas être atteint directement, l'introduction des actions utiles facilite singulièrement la transmission des droits personnels. Le principe est donc que, tout droit personnel étant un bien, peut être aliéné. Ainsi toute créance civile ou prétorienne, ou même naturelle, peut être cédée (1). L'indétermination d'une créance, soit quant à son existence, soit quant à son *quantum*, n'est pas un obstacle à la cession (2). Les modalités qui affectent la créance ne changent pas non plus ce principe général; on peut céder une créance à terme ou conditionnelle, de même qu'on peut céder une créance pure et simple (3). Le caractère spécial de faveur attaché à certaines actions ne les rend pas pour cela incessibles; ainsi, le mineur de 25 ans est

(1) V. leg. 40, pr. ff., ad S. C. trebell. V. leg. 40, § 3, de cond. et desnovet., ff.
(2) V. leg. 3. C., de Donat V. leg. 5, ff., l., t.
(3) V. leg. 17, ff., l. t.

obligé de céder le secours de la *restitutio in integrum* au maître dont il a géré les affaires (1). On peut enfin céder les actions qui naissent *et delicto* (2).

40. — Ce principe général doit cependant être restreint; de nombreuses exceptions viennent le limiter, et il y a un assez grand nombre de créances qui ne peuvent pas être cédées.

Les glossateurs (3) ont voulu ramener la théorie de ces exceptions à une formule générale, et ils ont dit : « Quæ non sunt ad heredes transmissibilia « ea nec per cessionem transire. » Cette règle est trop absolue, et nous ne pouvons l'adopter, puisque, d'un côté, nous trouvons les créances litigieuses qui passent aux héritiers, et qui cependant sont incessibles, et que, d'un autre côté, nous voyons que l'usufruit peut être cédé, et que cependant il ne passe pas aux héritiers (4).

Nous aimons mieux suivre les distinctions faites par Mühlenbruch, qui, si elles n'ont pas une grande utilité pratique, ont cet avantage de mettre de l'ordre dans cette matière.

41. — Nous dirons donc que les créances, con-

(1) V. leg. 18, in fine, 24, ff., de minoribus. leg. 6, de in integr. rest.

(2) V. leg. 14, ff., de furtis. V. leg. 38, § 1, de solut., ff.

(3) V. Bartole ad leg., 43, ff., de adm. tut.

(4) V., sur cette règle, Olea, t. 3, q. 8, n° 4 et 30, et Brunneman, C., 4, n° 21 et 29.

sidérées en elles-mêmes, sont incessibles : 1° lorsqu'elles ne font point partie de notre patrimoine. Les choses peuvent ne pas faire partie de notre patrimoine, en ce sens qu'elles appartiennent à tout le monde, et dès lors la cession en est inutile, c'est ainsi qu'on ne peut céder les actions populaires (1). Les choses peuvent ne pas faire partie de notre patrimoine, en ce sens qu'elles n'ont pas trait à nos biens, mais à des intérêts d'un autre ordre ; c'est ainsi qu'on ne peut céder les actions *quæ vindictam spirant* (2) : l'action d'injure, et nous ajoutons avec Cujas (3), la *querela inofficiosi testamenti*, et l'action en révocation d'une donation pour cause d'ingratitude (4) ;

2° Lorsqu'elles sont attachées à la personne par l'effet de la loi, de la convention, du testament, ou par leur nature même. Ainsi les *operæ officiales* ne pouvaient faire l'objet d'une cession, l'*intuitus personæ* empêche toute idée de spéculation (5). De même, et par la même raison, les créances d'aliments léguées par testament, de constitution de servitude personnelle, et en général celles qui sont de nature à varier selon la condition de la

(1) V. leg. 5, de popul. act. V. leg. 7, pr. Cod., V. leg. 42, de procur., ff.

(2) V. leg. 28, de injuriis, ff. V. leg. 2, § 4, de collation., ff.

(3) V. Cujas observ. 17, 17 et Cod., 4, 19.

(4) Brunneman est d'un avis contraire. V. 4, 58 et 59.

(5) Leg. 9, ff., de operis libert. V. Brunneman, 4, 24.

personne du débiteur, sont également incessibles. Mülhenbruch semble faire rentrer dans cette exception l'impossibilité pour le créancier, en vertu d'un contrat synallagmatique, parfait ou imparfait, de céder sa place dans l'obligation même, de telle sorte qu'il ne voit, comme rentrant dans la règle générale, que la cession des créances nées d'un contrat unilatéral. Nous n'adoptons pas cette manière de voir : la cession, pour nous, n'est pas le transport du rapport, de la relation juridique, mais bien seulement de l'action qui en résulte, de sorte que pour nous ce résultat n'est que l'application des principes généraux.

3° Les créances qui ne consistent qu'en des droits accessoires d'un autre droit. Ces droits accessoires peuvent bien être cédés avec la créance principale, mais ils ne peuvent pas l'être séparément, en ce sens que le cessionnaire puisse s'en servir comme garantie d'une créance à lui propre. Ce serait changer des rapports existants pour en créer de nouveaux, ce qui ne peut se faire que par l'expression de nouveaux consentements (1).

42. — Enfin, nous mentionnerons les créances litigieuses. Quand une créance devenait litigieuse, la cession en était prohibée (2); or, une créance

(1) V. Sande, C. V, n° 24.
(2) V. leg. 2, C., de litigiosis.

devenait litigieuse par la *litis contestatio*, par la demande adressée au prince et plus tard par l'envoi du *libellum* (1), ce résultat n'était que l'explication d'un principe plus général, par lequel tout objet litigieux devenait inaliénable qu'il s'agisse d'un droit réel (2) ou d'un droit personnel. La prohibition d'aliéner les créances litigieuses fut introduite pour protéger les débiteurs contre les créanciers avides qui s'entendaient avec des tiers puissants (*potentiores*) qui achetaient leurs créances et qui, par leur influence, tâchaient de tirer de la créance une valeur bien supérieure à ce qu'ils l'avaient payée.

43. — Les jurisconsultes de l'époque classique et les premiers empereurs avaient déjà déclaré illicites toutes ces conventions que les commentateurs ont appelées pactes de *quota litis* (3); tout mandat salarié était regardé comme contraire aux mœurs (4).

L'empereur Marcus Aurelius Claudius prohiba le mandat d'action donné à des *potentiores*, il ajouta contre les créanciers une sanction qui consistait dans la *jactura debiti*.

(1) V. Nov., 112, centh. de litigi., § 1, col. 8, ch. 13.

(2) V. G. IV, § 117. V. leg. 46 et 69, de rei vind. V. ff., de litigiosis.

(3) V. Cujas, 8. Observ., 31.

(4) V. leg. 7 et 53, mandati. V. leg. 53, ff., de pactis.

Doclétien confirma cette constitution (1), seulement il laissait les présidents des provinces arbitres des peines à appliquer.

Les empereurs Arcadius, Honorius et Théodose renouvelèrent enfin ces prohibitions (2), en déclarant qu'ils voulaient protéger les débiteurs contre l'*aperta voracitas* du créancier qui, moyennant une somme, achètent l'appui des *potentiores*.

44. — Après ces prohibitions si sévères Constantin déclara (3) que toute créance cessait d'être cessible du moment qu'elle était devenue litigieuse et, qu'en conséquence, le procès devait continuer entre le créancier cédant et le débiteur cédé ; « tanquam si nihil factum sit, lite nihilomi- » nus peragenda. » Cette constitution, de Constantin, qui paraît si douce en comparaison de la législation précédente, était rendue dans un but différent. Les constitutions précédentes, en effet, voulaient empêcher les collusions entre les créanciers et les *litium redemptores*. Ce qui nous explique cette sanction énergique consistant dans la perte du droit pour les créanciers. Constantin voulait protéger les créanciers trop faciles et les débiteurs contre les entreprises des agents d'affaires ; il ne voulait punir que les spéculateurs, il n'avait donc

(1) V. leg. 1, C., ne liceat potent.
(2) V. leg. 2, Cod.
(3) V leg. 2, C , de litigiosis.

pas à sévir contre les créanciers, mais bien contre les acheteurs, et pour cela il n'avait qu'à annuler la cession.

45. — Nous verrons plus loin les mesures prises par Anastase et par Justinien, dans les lois *per Diversas et ab Anastasio*, dans le but de réprimer toute spéculation. Nous mentionnerons ici une constitution de Justinien (1), dans laquelle, il décide que toute cession, à quelque titre qu'elle fût faite, de créances devenues litigieuses, est nulle. Cependant il distingue : si le cessionnaire connaissait le caractère litigieux du droit, il devait en remettre le vendeur en possession, mais sans pouvoir demander la restitution du prix que le vendeur ne gardait pas, mais versait entre les mains du fisc. Si le cessionnaire avait été de bonne foi, le contrat était encore annulé, mais seulement l'acheteur avait le droit de demander au vendeur le remboursement du prix, et, en outre, le tiers de ce prix à titre de peine pour l'*abscondita machinatio* du cédant qui a caché à l'acheteur le caractère litigieux de la créance qu'il lui vendait.

Cette constitution apporte aussi des exceptions à la règle absolue posée par Constantin, dans la loi 2, C., de litigiosis. Justinien permit la cession des créances litigieuses dans quatre cas : 1° lorsque

(1) V. leg. 4, C., de litigiosis

la cession était faite à titre de dot ou de donation *ante nuptiale* ; 2° lorsqu'elle était faite à titre de legs ou de fidéicommis ; 3° lorsqu'elle était le résultat d'une transaction ; 4° enfin, lorsqu'elle avait pour but d'arriver à un partage entre cohéritiers. Les motifs de la cession dans ces quatre cas, sont très légitimes, ils excluent toute présomption de spéculation de la part du cédant ou du cessionnaire. Enfin, Justinien fit même disparaître ces exceptions (1). De telle sorte qu'il n'y eut plus que le cessionnaire, à titre gratuit, qui put poursuivre le débiteur pour la totalité de la créance cédée.

SECTION III.

Capacité en matière de cession.

46. — Le principe est que tous ceux qui peuvent contracter, sont capables de jouer le rôle de cédant ou de cessionnaire ; mais ce principe est soumis à des exceptions : les unes résultent de la forme particulière de la cession, les autres sont fondées sur des motifs d'ordre public.

47. — Examinons d'abord les exceptions qui résultent de ce que la cession a lieu sous forme de mandat.

(1) V. Hic, n°.

Les infâmes, ne pouvant pas se faire représenter en justice, ne pouvaient céder leurs actions (1), et, ne pouvant pas représenter les autres, ils ne pouvaient pas être cessionnaires (2). Il en était de même des muets, des sourds (3), des aveugles. Les femmes et les militaires étaient aussi primitivement frappés de cette double incapacité ; mais, plus tard, on admit que ces personnes pouvaient agir *procuratorio nomine*, pourvu que ce fût dans leur propre intérêt, c'est-à-dire qu'on les admît à être *procuratores in rem suam*, et par conséquent cessionnaires (4).

Ces exceptions se conçoivent bien à l'époque où un mandat était nécessaire pour opérer la cession ; mais plus tard, lors de l'introduction des actions utiles, lorsque le cessionnaire put agir *suo nomine*, quand le mandat eut pour ainsi dire disparu, faut-il dire qu'elles n'existaient plus ? Pour répondre à cette question, nous nous reportons à ce que nous avons dit dans le chapitre précédent, quand nous avons examiné quels étaient les effets et la portée des actions utiles (5) ; nous avons admis que l'idée du mandat subsistait toujours, et que, quand le

(1) V. Just. IV, 3, § 11.
(2) V. Paul sent. 1, 2, § 1.
(3) V. leg. 43, ff., de procurat.
(4) V. leg. § 2, de procurat. V. Paul sent. 8, 1, 2, § 2. V. leg. 9, C., de procurat.
(5) V. Hic, n° 30 et 31.

cessionnaire agissait par l'action directe, le mandat était donné, tandis que, quand il agissait par l'action utile, il était sous-entendu ; or, pour sous-entendre le mandat, il faut qu'il soit possible. Donc nous pensons qu'ici le mandat ne pouvant pas être donné , les exceptions ont subsisté même après l'introduction des actions utiles.

Remarquons que l'esclave qui peut aliéner les objets compris dans son pécule, qui peut même vendre une créance comprise dans ce pécule et obliger par là son maître envers l'acheteur par l'action *empti de peculio*, ne pouvant pas lui-même paraître en justice et exercer une action, ne pouvait pas la céder (1).

Remarquons encore que le cessionnaire ne pouvait faire un *procurator* qu'après la *litis contestatio;* il ne pouvait donc lui-même faire cession d'action qu'après la *litis contestatio* (2).

48. — Examinons maintenant les exceptions fondées sur des motifs d'ordre public.

Nous plaçons en première ligne la défense de céder une créance à un *potentior*. Nous avons vu déjà le même motif servant de base à la prohibition de la cession des créances litigieuses. La constitution 2, C., *ne liceat*, d'Arcadius, Honorius et Théo-

(1) V. leg. 33, ff., de procurat.
(2) V. leg. 11, C., de procurat.

dose, contient cette défense de céder une créance à un *potentior*, et la raison en est évidente. Les empereurs Dioclétien et Maximien avaient déjà édicté la même prohibition (1), et le commencement de leur constitution nous fait voir que ce point avait été réglé antérieurement par l'empereur Marcus-Aurélius-Claudius. Le *potentior* était puni par des peines laissées à la discrétion du président de la province, et le cédant était, de son côté, puni par la perte de son droit. Mais à qui profite la nullité de la cession? La constitution ne le dit pas. Mülhenbruch pense qu'elle profitait au fisc (2). Ce résultat est assez probable sous l'empire romain; mais, dans l'absence d'un texte, il nous semble qu'on pourrait décider en faveur du débiteur.

Quelques commentateurs (3) ont pensé que la loi 2 C. *ne liceat*, ne contient pas une véritable restriction au droit de se porter cessionnaire, et que Théodose n'avait pas prohibé d'une manière absolue la cession faite à un *potentior*; mais bien seulement la simulation d'une pareille cession. Nous rejetons cette manière de voir en suivant l'opinion de Cujas (4) car cette phrase de la constitution : ***Aperta enim credentium videtur esse vora-***

(1) V. leg. 1, C., ne liceat potent.
(2) V. Doctrina. Pand., 497, note 17.
(3) V. Olea, t. 2, 9, 4, no 19 et 20. V. Doctr. Pand., § 497.
(4) V. Observ. 8, 31.

citas qui alios actionem suam redimunt exactores; doit être corrigée dans ce qu'elle paraît avoir de trop spécial par la rubrique du titre sous lequel elle est placée : *ne liceat potentiores actiones in se transferre*. Cette rubrique serait trop générale si la loi 2 avait le sens restreint qu'on lui donne.

49. — Une seconde prohibition est fondée sur ce même motif d'ordre public.

La *novelle* 72, C. 5 défend aux tuteurs et curateurs d'acquérir des créances contre les personnes soumises à leur protection, soit par eux-mêmes, soit par personne interposée. Justinien va même jusqu'à défendre la cession consentie même après l'expiration de la tutelle ou curatelle ; et la novelle ne distingue même pas entre les créances nées postérieurement et celles nées antérieurement à cette époque. La sanction de cette défense consiste dans la nullité de la cession. De telle sorte que le mineur de 25 ans où le pupille se trouve libéré envers le cédant sans être tenu envers le cessionnaire « infirmam esse volumus et lucrum fieri adolescentis. » Et le tuteur n'aura aucun recours contre son cédant, et aucune action contre le débiteur ; il devra même lui rendre tout ce que celui-ci lui aurait payé en vertu de cette cession illégale. Cependant on a prétendu que si l'obligation civile du pupille était éteinte, l'obligation naturelle subsistait, de sorte que si un paiement était fait au tuteur il n'y aurait pas lieu à répétition. Cette doctrine, à l'appui de laquelle on a invoqué la loi 19, pr. ff. *de Condict. indeb.*, nous paraît formellement contraire à l'intention de Justinien, qui nous dit sans distinguer : *et lucrum fieri adolescentis ;* d'ailleurs cette loi 19 bien antérieure à la doctrine de la novelle peut-elle s'appliquer à un cas qu'elle ne pouvait pas avoir en vue? C'est aussi pour cette dernière raison que nous n'argumenterons pas de cette loi 19 pour soutenir comme on l'a fait que la nullité édictée par la loi 2, C. *ne liceat* n'atteignait que l'obligation civile et laissait subsister l'obligation naturelle.

50. — Les anciens commentateurs (1) regardaient comme nulle la cession faite au fils d'une créance contre son père, ou réciproquement, à moins que cette créance ne fût de nature à entrer dans le *pecule castrans* ou *quasi castrans*. Ils s'appuient sur la loi 7, *de Oblig. et act* au ff. et sur la loi 4, de *Judiciis*. Mais nous ferons remarquer que ces lois n'ont rien de concluant, quant à la nullité de la cession, car elles supposent que le fils est en puissance du père. Il est incontestable que tant que durera la puissance paternelle, le fils ne pourra pas agir (2); mais, est-ce une raison pour que la cession

(1) V. Grande Gloss ad leg. 44, § 1, ff., de jure doctium. Et Sande, C. 4, n. 27.

(2) V. Inst., § 12, de oblig. quæ in delicto nasc.

soit complétement nulle? nous ne le pensons pas, et en l'absence d'un texte positif nous ne voyons pas pourquoi le fils, après que la puissance paternelle aura été dissoute, ne pourrait pas se prévaloir de la cession contre son père, comme il le ferait contre tout autre citoyen.

CHAPITRE III.

DES EFFETS DE LA CESSION.

51. — Maintenant que nous connaissons les différentes modifications historiques qu'a subies la cession, et que nous avons vu qu'elles étaient ses différentes espèces, à quelles créances elle pouvait s'appliquer et par quelle personne elle pouvait être faite, nous pouvons examiner quels en sont les effets; c'est-à-dire étudier les différents rapports qu'elle fait naître; et comme nous nous occupons plus spécialement dans ce travail de la transmission des créances à titre de vente, dans une première section nous étudierons les rapports qui existent entre les parties, c'est-à-dire les obligations réciproques du vendeur et de l'acheteur; dans une

seconde section nous étudierons les rapports qui existent entre le créancier vendeur, et le débiteur cédé; enfin dans une troisième section nous verrons les rapports qui existent entre le débiteur cédé et l'acheteur ou cessionnaire.

SECTION Ire.

Obligations réciproques des parties.

§ 1. *Obligations du cédant.*

52. — Nous savons qu'à Rome la vente n'avait pas pour effet de transporter la propriété, mais bien seulement de créer des obligations. Les obligations du vendeur consistaient : 1° à *tradere rem* ; 2° *præstare rem licere habere*.

1° *Obligation de tradere.* Le vendeur d'une chose corporelle était obligé de procurer à l'acheteur la libre possession de la chose vendue ; il devait mettre l'acheteur à même de retirer de l'objet vendu toute l'utilité dont cet objet était susceptible, et que lui vendeur aurait pu en retirer; de même, le vendeur d'une créance, le cédant, doit donner au cessionnaire les moyens d'exercer la créance cédée; car, il faut bien le remarquer, la cession de créances contient deux opérations successives :

1° le contrat qui oblige le vendeur à céder l'action et 2° l'acte, exécution de cette obligation. Le cédant ne s'engage donc pas à transférer à l'acheteur la propriété de la créance : ce résultat était impossible en droit romain; il s'engage seulement à lui faire avoir l'émolument du droit, le bénéfice de la créance, et pour cela il doit lui remettre les titres, les moyens de preuve, tout ce qui peut lui être utile, et par conséquent sous la jurisprudence classique le mandat qui lui est nécessaire pour exercer les actions directes (1). Le cédant doit encore, et cela quelle que soit la cause de la cession, céder au cessionnaire non-seulement la créance principale, mais encore toutes les garanties qui s'y rattachent, tels que les gages, les hypothèques, les actions contre les fidéjusseurs; etc. peu importe même que ces garanties n'aient été acquises qu'après la cession par le cédant; car cette cession, exécution de l'obligation de *tradere*, doit mettre l'acheteur au lieu et place du cédant : « emptor neque plus ne- « que minus juris habere debet quam apud vendi- « torum futurum esset (2). Tel est le principe, et de là il résulte que celui qui cède les actions contre un fils de famille doit céder en même temps les actions contre le père (3), et que si le créancier

(1) V. leg. 2, § 3, ff., de hered vel act. vend. V. leg. 5 eod., C.

(2) V. leg. 6, ff., de hered, vel act. vend.

(3) V. leg. 14, h. t.

cédant a reçu quelque chose du débiteur soit directement soit indirectement par voie de compensation, il doit le restituer au cessionnaire (1).

Remarquons que sous les actions de la loi, cette obligation de *tradere* ne contenait pas celle de fournir les garanties accessoires, puisque cette obligation s'exécutait par la novation et que précisément ce moyen faisait disparaître les garanties de la créance cédée: c'était là un inconvénient que nous avons signalé.

Il faut remarquer aussi que l'introduction des actions utiles restreignit considérablement les obligations du cédant. Puisque le mandat était sous-entendu, celui-ci fut dispensé de donner au cessionnaire l'exercice des actions principales et accessoires. A partir de cette époque l'obligation du vendeur se restreignit à ce qui concernait les prestations de fait, comme la délivrance de *l'instrumentum* ou la remise des gages, et les restitutions à faire à cause d'un paiement reçu.

53. — 2° *Obligation de licere habere*. L'obligation de livrer est générale et s'applique à peu près de même dans toute cession, quelle qu'en soit la cause génératrice ; pour l'obligation de garantie, elle n'a lieu que dans les contrats à titre onéreux (2), et spécialement en matière de vente. Ici

(1) V. leg. 23, § 1, h. t.
(2) V. leg. 18, § 3, ff, de donationibus.

l'obligation de garantie est soumise à des règles particulières. Le cédant doit seulement garantir l'existence de la créance : *præstare nomen esse* ; il ne répond ni de la solvabilité actuelle ou future du débiteur principal, ni de celle des obligés accessoires. Telle est du moins la règle générale : *non debet præstare locupletem esse debitorem* (1).

54. — Si la créance n'existe pas du tout, le contrat est nul, faute d'objet ; le vendeur doit restituer le prix, s'il lui a été payé, et prester les dommages et intérêts à l'acheteur (2). Celui-ci agira, non par l'*actio empti*, puisqu'il n'y a point de vente, mais par la *condictio sine causa*, car il n'a payé que pour avoir une créance; or, ce but n'a pas été atteint ; le prix se trouve donc sans cause entre les mains du vendeur (3). Quant aux dommages et intérêts, il faudra recourir à l'action *de dolo*.

Mais il faut bien remarquer que, pour que le vendeur soit complétement à l'abri du recours de l'acheteur, il ne suffit pas que la créance existe, il faut encore qu'elle existe de manière à pouvoir être utile. Si, par exemple, l'action cédée était paralysée par l'effet d'une exception perpétuelle, le ces-

(1) V. leg. 4, ff. h. t.
(2) V. leg. 5, ff. h. t.
(3) V. leg. 7, ff. h. t.

sionnaire pourrait agir par l'action *empti* (1) contre le cédant pour réclamer le prix et les dommages-intérêts, car c'est comme si, en réalité, la créance n'existait pas (2). Il en est de même lorsqu'il existe réellement une action contre le débiteur et qu'elle n'appartient pas au cédant.

55. — Tel est le droit commun sur la garantie dans notre matière; c'est ce qu'on appelle ***la garantie de droit***, qui est de la nature de la vente. La même théorie existe relativement aux accessoires de la créance cédée, le cédant doit garantir seulement l'existence des accessoires, tels que gage, hypothèque, cautionnements, mais il ne répond pas de leur inefficacité (3).

56. — Cette règle générale sur la garantie peut-être modifiée soit à raison des circonstances, soit à raison des conventions.

Ainsi, il peut se faire que le cédant réponde de l'insolvabilité du débiteur sans qu'il y ait convention, si, par exemple, le cédant avait consenti la cession alors qu'il connaissait l'insolvabilité du débiteur, il serait dans ce cas à cause de son dol soumis à des dommages-intérêts (4). Cette extension

(1) Parce qu'ici en droit strict, il y a vente.

(2) V. leg. 20, § 3, de liberali causa. V. ff., leg. 10 et 108, de verb. signif.

(3) V. leg. 30, ff., de pign. et hypoth. V. Cujas, VI, 551. V. leg. 74, § ult. de evict., ff.

(4) V. leg. 12, ff. h. t.

de l'obligation de garantie peut, en outre, résulter de la convention (1). Il y a même un cas exceptionnel où le cédant répond de l'insolvabilité du cédé en dehors de toute convention et de tout dol de sa part ; c'est dans le cas de la cession faite *dotis causa* (2).

Dans tous ces cas, la garantie ne porte que sur la solvabilité actuelle, c'est-à-dire celle qui existe au moment de la cession, si la créance est pure et simple, au moment de son exigibilité, si elle est à terme ou conditionnelle (3). Pour que le cédant répondît de la solvabilité future, il faudrait une clause expresse et formelle, car ces clauses, dérogeant au droit commun, doivent être strictement interprétées.

57. — Enfin, il peut se faire que le cédant ne doive aucune espèce de garantie, pas même celle de l'existence de la créance. Cela a lieu en dehors de toute convention, comme nous l'avons dit, dans les cessions à titre gratuit. Cet effet peut, en outre, avoir lieu par suite de circonstances ou en vertu d'une convention. — Par suite des circonstances, si, par exemple, le vendeur déclare vendre la créance *telle qu'elle est*, il a fait ainsi une vente aléatoire, qui ne l'oblige même pas à restituer le

(1) V. leg. 4, **h.**, t.
(2) V. Doctrina. Pand., § 599. V. leg. 49, pr. ff., solut. matr.
(3) V. J. A Sande, de cess. act. C. 9, n. 29.

prix, si la créance n'existait pas, car alors le prix est regardé comme représentant, dans l'intention de l'acheteur, l'*incertum juris*. Par suite d'une convention, si, par exemple, le vendeur ajoute la clause : *Ne de evictione teneatur*. Si la créance n'existe pas, le vendeur ne doit point de dommages-intérêts, mais, comme il s'agit ici d'un contrat de bonne foi, il est tenu à la restitution du prix (1), à moins pourtant qu'il ne soit prouvé que l'acheteur savait que le vendeur n'avait pas la chose, et qu'à tout événement, il voulait lui faire donation du prix (2).

§ II. *Obligations du cessionnaire.*

58. — Le cessionnaire, ou plus spécialement l'acheteur, doit transférer au vendeur la propriété du prix de la cession (*dare pretium*), à l'époque et au lieu convenus. Et remarquons que quand le tiers-détenteur fut obligé à la *laudatio* ou *nominatio auctoris* (3), le cessionnaire, auquel son vendeur avait livré le gage qui garantissait la créance, devait aussi *laudare auctorem*. S'il faisait cette *laudatio*, il était déchargé de toute responsabilité

(1) V. leg. 11, § ult., ff. de act. empt.
(2) V. leg. 53, de D. R., juris, ff.
(3) V. leg. 2, C., ubi in rem exerc. deb. (III, 19). V. M. Pellat, sur la loi 9, de rei vend., p. 155.

à l'égard du propriétaire du gage en cas d'éviction, et il conservait l'*actio pigneratitia* contre celui qui avait ainsi engagé la chose d'autrui, et subsidiairement il avait l'*actio empti* contre son vendeur. Si, au contraire, *non laudabat auctorem*, et s'il était évincé, il perdait tout recours en garantie, et se soumettait de plus à l'action en indemnité de celui qui avait livré le gage, c'est-à-dire du débiteur.

SECTION II.

Effet de la cession entre le cédant et le cédé.

59. — Comme nous l'avons déjà dit dans le chapitre Ier, la cession, par elle seule, ne fait pas qu'un nouveau créancier soit substitué à l'ancien. Le cédant reste toujours créancier, comme il l'était avant la cession, et de là il résulte qu'il a toujours le droit d'agir contre son débiteur (1), qu'il peut compenser, nover et même céder à un deuxième cessionnaire cette créance qui, d'après les principes rigoureux, n'a pas cessé de lui appartenir dans ses rapports avec le débiteur. Le cédé ne peut pas s'opposer à la violation des engagements que le cédant a contractés vis-à-vis du cessionnaire. Celui-ci a

(1) V. leg. 3, C., mandati

seulement un recours contre son cédant, recours qui, le plus souvent, peut être illusoire.

Nous avons signalé ces inconvénients et nous avons vu quels remèdes on y avait apportés ; nous savons, en effet, d'après la Constitution de Gordien, que, dès que la *litis contestatio* était intervenue, dès qu'il y avait eu *litis denuntiatio* ou paiement partiel fait au cessionnaire, les droits du cédant étaient paralysés et la position du cessionnaire affermie ; de telle sorte que, si le cédant voulait agir, le cédé pouvait repousser son action par l'exception de dol (1) et le cessionnaire lui était préféré (2). Le cédé ne pouvait obtenir sa libération qu'en payant au cessionnaire.

Enfin, les actions utiles assuraient encore davantage la position du cessionnaire. Le vendeur reste bien créancier ; mais, du jour même de la vente, l'acheteur peut poursuivre le débiteur par les actions utiles sans avoir besoin de mandat, le mandat est sous-entendu.

SECTION III.

Des effets de la cession entre le cessionnaire et le cédé.

Nous avons à examiner dans cette section les effets les plus importants de la cession ; nous étudie-

(1) V. leg. 16, de pactis, ff.
(2) V. leg. 55, de procurat, ff.

rons d'abord quels sont les droits du cessionnaire vis-à-vis du cédé, et ensuite quels sont les droits du cédé vis-à-vis du cessionnaire.

60. — *Droits du cessionnaire vis-à-vis du cédé.*

En principe, le cessionnaire a les mêmes droits que le cédant ; il peut, il doit même exercer la créance contre le cédé comme l'eut exercée le mandant lui-même. Et nous ne distinguerons pas si le cessionnaire agit par l'action directe ou par l'action utile ; nous avons, en effet, repoussé la doctrine des auteurs anciens, qui consistait à dire que l'action utile transférait au cessionnaire un droit propre ; nous avons admis que lors même que l'action utile est accordée, le mandat est toujours sous-entendu (1).

61. — En conséquence du principe posé, le cessionnaire pouvait demander au cédé tout ce que le cédant aurait pu demander. (2) Ainsi il peut agir *ex stipulatu* contre les fidéjusseurs, par l'action quasi-servienne contre les tiers détenteurs d'immeubles hypothéqués pour sûreté de la créance (3) et enfin demander des intérêts si le cédant y avait droit. (4)

(1) V. hic, n° 30 et 31.

(2) V. leg. 2, ff. h. t. Neque minus juris emptor habeat quam apud heredem futurum fuisset.

(3) V. leg. 23, ff. h. t.

(4) V. leg. 34, ff. de legatis, 0.

62. — Ici se place une question fort controversée parmi les interprètes. La cession transporte-t-elle au cessionnaire les priviléges dont jouissait le cédant ?

Brunneman et Sande (1), comme presque tous les anciens auteurs, invoquant la loi 196 *de D. B. J.* ff., distinguent les *privilegia causæ* et les *privilegia personæ*. Les *privilegia causæ* étaient attachés à la nature même de la créance, dont ils faisaient partie ou étaient fondés sur une idée de conservation (2). Les *privilegia personæ* étaient accordés en considération de la personne et ne passaient même pas aux héritiers, ainsi : le privilége du pupille contre son tuteur et en général contre tous ceux qui, simples *negotiorum gestores*, avaient administré ses biens (3), le privilége de la femme contre son mari, de la fiancée si le mariage n'a pas eu lieu (4). Cette distinction étant faite, ces auteurs accordent au cessionnaire les *privilegia causæ* et lui refusent les *privilegia personæ*, et la raison qu'ils en donnent est celle même que contient la loi 196 *de D. B. J.* C'est parce que les *privilegia personæ* ne passent pas aux héritiers que ces auteurs décident *a fortiori* qu'ils ne passent

(1) Brun., C., 4, n° 82. Sande, C. 9, n. 9.
(2) V. leg. 25, de reb. cred. ff. V. leg. 5, ff., qui potiores.
(3) V. leg. 49, de reb. auct. jud. ff.
(4) V. leg. 17, § 1. Cod.

pas au cessionnaire. Quoique nous ayons vu (1) combien il fallait attacher peu d'importance à cet axiôme de Bartole : « quæ non sunt transmissibilia « non sunt cessibilia, » nous croyons cependant devoir maintenir cette distinction, confirmée d'ailleurs par un fragment de Paul (2), pour les *privilegia exigendi*. (Le *privilegium exigendi* est le droit accordé à un créancier chirographaire ou hypothéquaire de se faire payer avant tous ses cocréanciers). Ce sera le moyen pour nous de concilier deux textes qui paraissent contradictoires et qui avaient embarrassé les commentateurs. Ce sont les lois 24, § 3, *de reb. auct. jud.* ff. et 42, *de adm. et peric. tut.* ff. Ulpien nous dit que ces priviléges peuvent être transmis, et Papinien refuse au tuteur qui a obtenu la cession des actions contre ses cotuteurs le *privilegium exigendi* accordé au pupille (3). Cette contradiction disparaît au moyen de la distinction que nous maintenons. En effet dans la loi 23, § 3, Ulpien veut parler des *privilegia causæ*, tandis que Papinien parle d'un *privilegium exigendi personnel* et voilà pourquoi il conclut différemment (4), « non « enim causæ sed personæ succuritur quæ meruit « præcipuum favorem. »

(1) V. hic, n. 40.
(2) V. leg. 68, de D. R. j. ff.
(3) V. aussi leg. 19, § 1, de reb. auct. jud.
(4) V. Cujas, IV, 1437.

On a encore attaqué la distinction entre les *privilegia causæ* et les *privilegia personæ* par la loi 43 *de usuris* ff. Le fisc avait le droit exhorbitant et spécial d'exiger des intérêts pour toutes les créances, quand bien même il n'était intervenu aucune stipulation à ce sujet (1), c'était là évidemment un privilége purement personnel et cependant, nous dit-on, la loi 43 admet qu'il se transmet au cessionnaire, puisqu'elle lui permet de demander les intérêts échus au jour de la demande. Donc, conclut-on contre nous, la distinction n'est pas vraie.

Nous ne ferons pas comme Cujas, qui lève la difficulté en ajoutant une négation (2), ce qui met notre loi d'accord avec la loi 68 *de Reg. jur.* Nous proposerons deux moyens de concilier Paul et Modestin. En effet, on peut dire 1° que la loi 43 est tirée des réponses de Modestin, et que nous n'avons pas la question ; par conséquent, nous pouvons supposer que l'on demandait simplement au jurisconsulte si le fisc, en cédant sa créance, avait pu céder en même temps le droit aux intérêts échus, et le jurisconsulte répond que le cessionnaire pourra demander seulement les intérêts échus au jour de la cession, c'est-à-dire tout ce qu'aurait pu demander le fisc son cédant, mais rien de plus ; 2° si l'on

(1) V. leg. 17, § 5, de usuris ff.

(2) V. ad hanc leg. VI, 692. Il justifie, du reste, cette correction par le texte des basiliques et par les notes de Cyrille.

n'admet pas cette conjecture, d'ailleurs assez vraisemblable, nous pouvons dire que le texte suppose que le fisc, après avoir reçu le montant d'une dette (*debitum percepit*) en principal seulement, a fait cession à un particulier du droit d'exiger les intérêts échus au moment de ce paiement. Il ne serait donc pas question dans cette loi d'intérêts à échoir après la cession ; dès lors, on comprend facilement que le cessionnaire puisse demander tous les intérêts même non stipulés, puisque ce sont ces intérêts eux-mêmes, considérés comme formant une créance principale, qui ont été l'objet unique de la cession.

Ainsi donc, que l'on adopte l'une ou l'autre de ces conciliations, il reste vrai que le cessionnaire peut user des *privilegia causæ* appartenant au cédant, mais qu'il ne peut pas se servir des *privilegia personæ*. Il faut cependant bien entendre cette seconde proposition : car s'il est vrai que le cessionnaire ne peut pas user des *privilegia personæ* appartenant au cédant, si l'effet de ces priviléges s'est réalisé entre les mains de celui-ci, il a néanmoins droit à tout l'émolument déjà acquis au cédant par l'effet de ces priviléges lors de la cession, car cet émolument, bien qu'il provienne d'une cause personnelle au cédant, est véritablement devenu l'accessoire de la créance, et, comme tel, doit passer au cessionnaire. La première conciliation que nous avons donnée, relativement à la loi 43 *de usuris*, est une application de cette remarque, car nous y voyons que le jurisconsulte accorde au cessionnaire du fisc le droit d'exiger les intérêts de la créance jusqu'au jour de la cession, quoiqu'ils aient pour cause un privilége purement personnel.

63. — Dans tout ce qui précède, nous n'avons parlé que des priviléges proprement dits, c'est-à-dire ayant un rapport direct avec la créance cédée, et c'est pour ces priviléges que nous avons fait la distinction des *privilegia causæ* et *personæ*. Quant à ces priviléges, qui ne se rapportent qu'à la procédure, sans avoir aucun rapport avec la créance, ils ne passent jamais au cessionnaire (1); tels sont les *privilegia fori*. Ainsi, le cessionnaire du fisc ne peut pas user du droit du fisc, de faire porter la cause devant un fonctionnaire spécial (2).

64. — Pour terminer ce qui regarde les droits du cessionnaire, vis-à-vis du cédé, il faut nous demander si le cessionnaire pourra user, à l'occasion de la créance cédée, des priviléges nés dans sa personne.

Pour répondre à cette question, il faut nous référer aux principes mêmes de la cession. Le cessionnaire n'est qu'un mandataire ; c'est la créance du cédant qu'il exerce, d'un autre côté, la cession

(1) V. Mulh , Doct., Pand., § 500.

(2) V. Leg. 5, C., ubi causæ fisc. V. ff. de officio procurat. Cæsaris vel Balienalis.

s'étant faite sans le consentement du débiteur, elle ne peut pas rendre pire sa position ; nous répondrons donc que le cessionnaire ne doit pas pouvoir invoquer d'autres droits que ceux qu'aurait pu invoquer le cédant, ni, par conséquent, appliquer au droit cédé ses propres privilèges. D'ailleurs, ne l'oublions pas, que le cessionnaire agisse par l'action directe ou par l'action utile, il n'est jamais qu'un *procurator in rem suam*, il ne peut donc pas jouer deux rôles contradictoires, celui de *procurator* et celui de *dominus* agissant *suo nomine*.

Cette doctrine, conforme aux principes de la cession, est cependant contredite par la loi 6 de *jure fisci*, laquelle accorde au fisc cessionnaire le droit d'invoquer son *privilegium exigendi*. Nous ne croyons cependant pas que cette loi détruise la doctrine que nous avons posée, et sans adopter l'opinion des commentateurs, qui disent, les uns que cette loi est étrangère à notre matière et s'occupe du cas de succession, les autres que, dans le cas de cette loi, il y a une novation judiciaire qui, éteignant l'ancienne dette, en a créé, au profit du fisc cessionnaire, une nouvelle à laquelle rien n'empêche qu'il applique ses propres privilèges; nous décidons tout simplement que cette loi constitue une exception à la règle que nous avons établie (1), exception qui ne nous étonne pas

(1) V. Doct. Pand., § 500, n. 9.

quand elle est faite en faveur du fisc, objet de prédilection des empereurs.

65. — *Droits du cédé vis-à-vis du cessionnaire.* — Il nous faut examiner ici en quoi la position du débiteur cédé a été modifiée par la cession. Le principe est que la cession conserve au débiteur, vis-à-vis du cessionnaire, la position qu'il avait à l'égard du cédant, et cela parce que le débiteur, ne concourant pas à l'opération, ne peut pas voir empirer sa position sans son consentement. Donc le débiteur peut opposer au cessionnaire toutes les exceptions qu'il eût pu opposer au cédant, car le cédant ne peut céder son droit que tel qu'il l'a, tel qu'il est restreint par les exceptions qui le modifient ou le détruisent. Mais le débiteur ne peut opposer au cessionnaire les nouvelles exceptions nées du chef du cédant, depuis le moment où le cédant a perdu son droit ; ainsi, il ne pourra pas opposer au cessionnaire l'exception tirée d'un paiement fait au cédant, depuis qu'il est survenu un des trois événements dont il est fait mention dans la constitution de Gordien.

66. — Tels sont les principes généraux ; mais leur application entraîne de très graves difficultés, et les anciens auteurs sont loin d'être d'accord sur la question de savoir quels moyens de défense le cédé pouvait opposer au cessionnaire (1). Au milieu

(1) V. Fabre conj. 12, 9. V. Olea 2, 6, q. 11, n. 37.

de cette divergence d'opinions et reconnaissant l'extrême difficulté qu'il y aurait pour nous à les discuter, à les rapprocher, à les concilier, nous préférons, pour mettre plus de clarté dans ce travail, suivre un auteur qui nous a déjà souvent servi de guide. Mülhenbruch (1) distingue quatre classes de moyens de défense, d'après leur origine : 1° les exceptions provenant *ex ipsa nominis causa* ; 2° *ex persona cedentis* ; 3° *ex persona cessionnarii* ; 4° *ex persona debitoris*.

67. — 1° Quant aux exceptions provenant *ex ipsa nominis causa*, il n'y a pas de difficulté, le cédé peut toujours les opposer au cessionnaire; car, comme nous l'avons déjà dit, le créancier cédant n'a pu transférer son droit que tel qu'il était, modifié ou paralysé par ces exceptions. La cession n'a pu changer la nature de la dette.

68. — 2° Quant aux exceptions provenant *ex persona cedentis*, le cédé peut également les opposer (2). Car ces moyens, tirés d'un fait même du cédant, d'une acceptilation, d'une compensation, etc., se sont en quelque sorte attachés à la créance du jour même où ils ont été produits. Mais remarquons qu'il faut, pour cela, que ces faits se soient passés antérieurement au moment où le

(1) Doct. Pand., § 500.
(2) V. Leg. 17, ff. de transact.

cédant a perdu tous ses droits, conformément à la loi 3 C. *de novat* (1), car, s'ils ont une cause postérieure, l'exception à laquelle ils donnent lieu ne peut être opposée efficacement, puisque alors le débiteur ne pouvait plus obtenir du cédant sa libération en fournissant le paiement ; or, ce que le cessionnaire ne peut pas faire directement, il ne doit pas pouvoir le faire indirectement ; car, en réalité, celui qui oppose une exception obtient sa libération d'une manière indirecte. Ainsi, supposons que, postérieurement à la *litis denuntiatio*, le cédé acquiert contre le cédant une créance de nature à être compensée, il ne pourra évidemment pas s'en prévaloir contre le cessionnaire, car ce serait en réalité lui opposer un paiement opéré entre les mains du cédant à une époque où le cédant, n'étant plus maître de la créance, ne pouvait en accorder la solution.

En principe donc, le cédé peut opposer les exceptions provenant *ex persona cedentis*, excepté celles qui seraient nées postérieurement à l'un des faits désignés dans la Constitution de Gordien. Une autre exception doit être signalée : le cédé ne peut pas opposer les exceptions provenant *ex persona cedentis* qui se rapportent uniquement à la procédure. Ainsi, le cédé ne pourra pas user de l'ex-

(1) V. Cependant Brunnemann, C. 6, n. 4.

ception *fori* qu'il eût pu opposer au cédant (1).

69. — L'auteur dont nous suivons la division énonce une troisième exception. Il refuse au cédé le droit d'opposer au cessionnaire le pacte de *non petendo in personam*, conclu entre lui et le cédant (2). Mais les lois que cite cet auteur ne nous paraissent pas concluantes ; d'ailleurs, si cette exception était vraie, le cédant pourrait trop facilement violer la foi du contrat ; en l'absence donc de textes positifs, nous la repoussons.

Quelques auteurs (3) ont voulu aussi faire une exception à notre règle, que le cédé peut opposer au cessionnaire toutes les exceptions provenant *ex persona cedentis*, touchant l'exception de dol. Ils distinguent si la cession a été faite à titre gratuit ou à titre onéreux ; si elle a été faite à titre gratuit, l'exception de dol du chef du cédant sera opposable au cessionnaire ; si elle a été faite à titre onéreux, elle ne le sera pas. Les auteurs se fondent sur la loi 4, ff., *de doli mali et met. except.*, § 27 et 31. Comme précédemment, nous n'admettrons pas cette exception, car nous ferons simplement remarquer, avec Accurse (4), qu'il ne faut pas étendre à la cession des créances ce que cette loi dit d'un

(1) V. Doct. Pand., § 500, n. 12.

(2) V. Doct. Pand., § 500, n. 12. Leg. 28, § 2 et 57; § 1, de pactis.

(3) V. Olea, t. 6, q. 11, n. 38.

(4) V. M. Gloss., ad leg. 4, § 28, n. c.

transport de propriété. En effet, dit ce glossateur, si l'acheteur d'un immeuble n'est pas passible de l'exception de dol du chef de son vendeur, c'est parce qu'étant devenu propriétaire, malgré le dol de son vendeur, il agit *ex jure proprio*, tandis que, si ce dol est opposable au donataire, c'est par application du principe que celui *qui certat de damno vitando*, doit l'emporter sur celui *qui certat de lucro captando*. Mais ce n'est là qu'une exception, et le cessionnaire, nous le savons, agit toujours au nom de son cédant, *procuratorio nomine*. Donc, il ne doit exercer l'action que telle que le cédant aurait pu l'exercer lui-même.

D'ailleurs, ce qui prouve bien qu'il ne faut pas faire cette distinction, c'est la loi 4, § 27, que l'on invoque contre nous. En effet, après avoir décidé que l'exception de dol n'est pas opposable à l'acheteur, elle dit qu'il n'en serait pas de même pour le cas où l'acheteur voudrait se prévaloir de la possession de son auteur. Donc, si l'acheteur ne souffre pas du dol de son auteur, ce n'est qu'autant qu'il n'invoque pas les droits de ce dernier. Or, nous le répétons, le cessionnaire est toujours obligé d'agir au nom de son cédant ; donc, dans tous les cas, le dol du cédant lui est opposable par le cédé (1).

D'autres auteurs, à propos de la même question,

(1) V. Brunnemann C., 6, n. 27.

se fondant sur la même loi 4, § 17, permettent au débiteur d'opposer le dol du cédant, si le dol est *admissus in ipso negotio*, c'est-à-dire si le dol a été commis lors de la naissance de l'obligation, et décident le contraire si le dol est postérieur ; mais nous repoussons encore cette distinction, parce que, dans ce paragraphe, il ne s'agit point de cession, car, dans l'espèce, si le dol postérieur à la naissance de l'obligation ne peut pas être opposé au père de famille, c'est que, une fois née, l'obligation est acquise au père de famille, et qu'elle ne peut plus être modifiée par les actes du fils ou de l'esclave.

Ainsi, à la règle que nous avons posée, relativement aux exceptions qui proviennent *ex persona cedentis*, nous n'admettons que les deux exceptions que nous avons signalées plus haut.

70. — 3° Quant aux exceptions provenant *ex personæ cessionarii*, le cédé peut toujours les opposer. Ces exceptions sont celles qui sont nées de conventions intervenues entre le cédé et le cessionnaire, ou de faits imputables au cessionnaire. Cela tient à ce que, comme nous l'avons déjà dit (1), le *procurator in rem suam*, par opposition au mandataire ordinaire, peut recevoir un paiement et faire un pacte avec le débiteur. Et peu importe

(1) V. hic, n. 13.

que le paiement soit intervenu avant ou après la *litis denuntiatio*; car le cédé peut toujours payer au mandataire de son créancier (1), et à plus forte raison quand celui-ci, comme nous le disons, est *procurator in rem suam*. De même, nous voyons que, par l'exception de dol, le débiteur peut opposer au cessionnaire toute remise de dette ou transaction par lui faite, et cela à quelque époque que ce soit (2). Enfin, le cédé peut lui contester sa qualité de cessionnaire, et le forcer à donner les preuves du mandat qu'il a reçu en lui opposant les exceptions *quæ spectant ad legitimationem causæ* (3).

71. — 4° Quant aux exceptions qui proviennent *ex persona debitoris*, c'est-à-dire celles qui sont attribuées à la personne du débiteur cédé à raison de sa position spéciale et à lui particulière vis-à-vis du cédant, il peut aussi les opposer au cessionnaire. La plus importante de ces exceptions est celle que les commentateurs ont appelée *beneficium competentiæ* (4). Ce bénéfice était une faveur accordée à certains débiteurs de n'être condamnés que jusqu'à concurrence de leurs facultés pécuniaires, *quantum facultates patiuntur*. Ce bénéfice avait lieu dans

(1) V. leg. 11, ff. de pactis.

(2) V. leg. 4, § 18, de dol. mal. et met. except. ff.

(3) V. Doct. Pand., § 500.

(4) A prop. parler ce n'est pas une exception, puisqu'il ne modifie pas l'*intentio* mais bien seulement la *condemnatio*.

le cas de l'*actio rei uxoriæ* (1) ; il était accordé à l'ascendant, au patron, à l'associé, au donateur (2), à celui qui a fait cession de biens (3), au fils de famille, dans le cas de la loi 2 ff. *quod cum eo*, enfin, il pouvait résulter d'un convention (4).

D'après la règle que nous avons posée, on voit que nous avons décidé affirmativement cette question : quand le cessionnaire est un étranger, c'est-à-dire une personne qui n'est pas placée dans les rapports spécialement prévus pour l'application de ce bénéfice, le débiteur peut-il nonobstant opposer ce bénéfice ? Cependant Mülhenbruch et quelques auteurs décident le contraire (5), que le cédé ne peut pas s'en prévaloir. Nous n'avons pas adopté cette opinion, parce qu'alors à vrai dire le bénéfice de compétence n'existerait plus que de nom s'il suffisait d'opérer une cession pour le faire disparaître. D'ailleurs il ne faut pas dire que les rapports sont changés, le cessionnaire n'agit toujours qu'au nom du cédant ; c'est toujours le créancier qui agit, mais par un mandataire. Et même ce bénéfice ne tient pas aux rapports qui existent entre le demandeur et le défendeur, puisque Gaïus nous montre

(1) V. Inst., § 37, de act.
(2) V. Cod., § 38.
(3) V. Cod., § 40.
(4) V. leg. 49, ff. de pactis.
(5) V. Doct. Pand., § 500.

ce bénéfice opposable aux héritiers du créancier, alors que les rapports sur lesquels il est fondé n'existent plus (1). On dit encore que le *beneficium competentiæ* n'est qu'une exception de procédure, et qu'elle doit, comme l'*exceptio fori*, être exceptée de celles qui sont opposables au cessionnaire. A cela nous répondrons, comme nous l'avons déjà fait remarquer, que ce bénéfice n'est pas une exception, mais bien une *adjectio* à la *condemnatio* qui a pour effet de la diminuer, et qui affecte essentiellement le droit lui-même. Ainsi donc nous maintenons notre règle, que le cédé peut opposer le bénéfice de compétence au cessionnaire quel qu'il soit (2).

72 — De même que le cédé peut opposer au cessionnaire les exceptions *ex persona cedentis*, de même le cessionnaire peut lui répliquer *ex persona cedentis,* quand même cette réplique serait fondée sur un privilége purement personnel au cédant. Ainsi le fisc, quand il attaquait un débiteur, ne pouvait être tenu de faire compensation avec ce qu'il devait lui-même, le cessionnaire du fisc pourra repliquer au débiteur, invoquant la compensation en se fondant sur le privilége personnel du fisc son cédant (3). De même encore, aux exceptions

(1) V. leg. 27, ff. solut. mat. V. Duc., n. 1267.

(2) Le résultat serait différent s'il y avait eu novation et non mandat.

(3) V. leg. 16. § 4. de j. fisci ff.

tirées *ex persona cessionarii*, le cessionnaire pourra opposer des répliques. Ainsi si le cédé oppose *l'exceptio pacti conventi*, le cessionnaire pourrait sans difficulté lui repondre par la réplique *si nihil contra hoc pactum postea factum fuit*. Le cessionnaire pourrait de même faire usage de toutes les repliques qui ne tiennent qu'à la procédure et qui lui sont personnelles. Ainsi le fisc pourra, au moyen d'une replique, user du privilége de faire juger la cause par un magistrat spécial (1).

73. — On s'est demandé si le cessionnaire est obligé de défendre à la demande reconventionnelle formée contre lui par le cédé du chef du cédant. Cette question est controversée, les textes sur ce point sont contradictoires. Les lois 33, § 5 et 70 de *procurat*. ff. paraissent imposer au cessionnaire l'obligation de défendre, et la loi 34, au même titre, lui permet de se soustraire à cette obligation.

Pour concilier, les uns (2) distinguent si la cession a été faite à titre gratuit ou à titre onéreux, *ex necessitate*; dans le premier cas le cessionnaire doit défendre à l'action reconventionnelle, on applique la loi 70. Dans le second cas, il n'y est pas obligé, on applique la loi 34. Nous ne pouvons

(1) V. leg. 5, C., ubi caus. fisc.
(2) V. Sande, C., 10, n. 7.

pas adopter cette décision, elle n'est pas conforme aux principes de la cession; pourquoi en effet le cessionnaire à titre gratuit serait-il dans une position moins avantageuse que le cessionnaire à titre onéreux? En outre nous ne parlerons pas de cette traduction des mots *ex necessitate* par ceux-ci à titre onéreux!

Les autres (1) prétendent que le cessionnaire doit défendre dans tous les cas, sauf un seul, celui où la cession a lieu *ex necessitate*, et la loi 34, selon eux, contient justement cette exception. Mais cette décision donne à la loi 34 un sens restreint qu'elle ne nous paraît pas avoir.

Une troisième opinion consiste à poser en principe la loi 34 et à écarter les lois 33 et 70. La règle serait que le cessionnaire pourrait repousser la demande reconventionnelle dans tous les cas, sauf le cas de dol. Cette opinion se fonde sur ce que le mot *defendere* signifie dans les lois 33 et 70 *satisdare*, et par conséquent ces lois sont regardées comme étrangères à la question qui nous occupe. Cette explication ne nous paraît pas acceptable pour la loi 70, le mot *defendere* y a un régime, de sorte qu'il ne peut pas vouloir dire *satis dare*. On serait tenté de l'admettre pour la loi 33 § 5, où le mot *defendere* est employé seul; d'ailleurs, *defendere* est quelque-

(1) V. Cujas, ad leg. 70, de proc. VI, p. 695.

fois employé dans ce sens, ainsi dans la loi 43 § 4, *eod.* Et ces mots : *boni viri arbitratu* pourraient aussi faire croire qu'il s'agit d'une *satisdatio ;* mais nous ferons remarquer ces mots de la loi : *Adhuc erit dicendum*, qui rattachent la décision du § 5 au § 4, dans lequel le sens de *defendere* n'est pas douteux.

Ainsi nous rejetons ces diverses conciliations entre les lois 33 § 5 et 70 d'une part, et la loi 34 d'autre part, et, pour décider la question, nous nous reporterons aux principes; or, que déciderions-nous en l'absence de textes? Nous dirions que le cessionnaire doit défendre à l'action reconventionnelle dans le cas où il devrait subir l'exception, car peu importe la forme dont se sert le débiteur cédé pour repousser la demande; ce que l'on considère, c'est la qualité de ses moyens. Ainsi, nous voyons la loi 70 qui suppose une action reconventionnelle fondée sur des moyens qui pourraient donner lieu à l'exception de compensation : ce sera d'ailleurs le cas le plus général, et c'est pourquoi le § 5 de la loi 33 est si général; mais on a eu soin de le restreindre par la loi 34, qui fait allusion par ces mots : *ex necessitate,* à une *cessio legis* ou *necessaria*. Il serait, en effet, injuste de forcer le fidéjusseur qui a payé à subir l'action reconventionnelle intentée du chef du créancier désintéressé.

CHAPITRE IV.

DES MODIFICATIONS APPORTÉES PAR ANASTASE ET JUSTINIEN AUX EFFETS DE LA CESSION.

74. — Nous venons de déterminer les droits du cessionnaire vis-à-vis du cédé ; cet état de choses dura jusqu'à Anastase ; une Constitution de cet empereur (1) vint modifier profondément les effets de la cession. Les acheteurs de créance étaient devenus, pour la plupart, des courtiers d'affaires qui achetaient à vil prix des créances incertaines et qui ensuite, grâce à leur habileté ou à leur influence, poursuivaient à outrance le débiteur et en obtenaient un paiement intégral. Pour remédier à ces abus, l'empereur défendit à tout cessionnaire d'exiger du cédé plus qu'il n'avait payé au cédant pour acquérir la créance : « Ita ut, si quis, datis pecuniis hujusmodi subierit cessionem, usque ad ipsam tantummodo solutarum pecuniarum quantitatem et usurarum ejus actiones exercere permittatur. » Cette

(1) V. Dei per diversas, C. mand. Il faut remarquer ici, quant aux créances litigieuses, que cette constitution ne faisait qu'appliquer un principe ancien plus général, par lequel tout objet litigieux devenait inaliénable. V. G. C. IV, § 117. V. hic, n. 12 et 49.

loi cependant introduisait des exceptions pour tous les cas où l'idée de spéculation disparaissait ; ainsi, elle ne s'appliquait pas aux cessions faites à titre gratuit : « Si per donationem cessio facta est, sciant omnes hujusmodi legi locum non esse ; » ni même aux cessions à titre onéreux lorsqu'elles avaient lieu entre cohéritiers, colégataires, cofideicommissaires, lorsqu'elles étaient faites à un créancier en paiement de ce qui lui est dû, lorsqu'elles étaient faites à un tiers détenteur à titre de garantie et de consolidation de sa possession : « Munimine ac tuitione rerum apud se constitutarum. »

75. — Cette décision de l'empereur Anastase, en détruisant la spéculation, était allée trop loin, puisqu'elle détruisait en même temps le commerce licite des créances, qui est, comme nous l'avons dit plus haut, un puissant moyen de crédit (1). Aussi voyons-nous Dumoulin (2) soutenir que la loi *per Diversas* ne s'appliquait qu'aux créances douteuses, sans cela, disait-il, les titres au ff. et au C. de *act. vend.* auraient été abrogés. Il est permis de croire que Dumoulin émettait cette opinion parce qu'il se servait du droit romain pour établir les principes de notre ancien droit, et qu'il ne voulait pas faire passer chez nous la décision de la

(1) V. Cujas, observ., 8, 34 et 16, 16.
(2) V. De usuris 9, 62.

loi *per Diversas*, qui, d'ailleurs, en elle même, est générale et ne souffre aucune exception.

76. — Cette loi d'Anastase, comme toutes les lois trop sévères, fut éludée ; on vendait en partie la créance pour un prix inférieur au montant de la créance entière, et profitant de ce que la cession à titre gratuit n'était pas défendue, on donnait le surplus de la créance au même acheteur qui, par ce moyen frauduleux, faisait, comme auparavant, la même spéculation et pouvait agir pour le tout.

77. — Justinien voulut remédier à ce fâcheux résultat par la Const. 23 *mandat* (1). Il décida d'abord, comme Anastase, que le cessionnaire ne pourrait demander que le prix qu'il avait payé ; de plus, dans le cas de donation partielle, il ne voit qu'un déguisement, de sorte qu'il applique à cette opération les règles que son prédécesseur avait établies pour toute vente ; il décide, enfin, que la différence entre le prix payé et la valeur nominale ne profitera ni au cédant, ni au cessionnaire, et il déclare que le débiteur, pour cette partie de la dette, n'est soumis à aucune action, ni de la part du cédant, ni de la part du cessionnaire.

78. — On s'est demandé si Justinien avait in-

(1) Loi ab Anastasio.

nové en édictant cette sanction ou s'il ne faisait que confirmer ce qui éxistait déjà du temps d'Anastase. Quelques auteurs ont soutenu que, avant Justinien et d'après la constitution d'Anastase, si le cessionnaire ne pouvait pas demander au-delà de ce qu'il avait payé, rien n'empêchait le cédant de faire valoir la créance pour le surplus. De sorte que, dans cette opinion, Justinien serait le premier à avoir prononcé la libération du débiteur, soit vis-à-vis du débiteur, soit vis-à-vis du cessionnaire, pour tout ce qui excède le prix de la cession, et même il n'aurait pris cette décision que pour le cas prévu dans sa constitution, c'est-à-dire pour celui de la cession faite au moyen d'une donation simulée.

Nous ne pouvons pas admettre cette opinion, car nous ferons remarquer; 1° que si la loi d'Anastase n'attribue pas textuellement au débiteur sa libération pour le surplus du prix de cession, cela résulte de l'esprit même de la loi, car cette loi n'est nullement écrite en faveur du créancier, mais bien seulement en faveur du débiteur. 2° que la loi *Ab Anastasio* ne parle qu'incidemment de ce résultat que l'on donne comme une innovation de Justinien, et qu'il n'est pas probable que l'empereur en eût parlé ainsi s'il eût introduit un droit nouveau. 3° Que le but de Justinien est seulement de faire exécuter la loi Per diversas : « anas-

» tasianæ constitutioni subvenire. » 4° que si la loi *Per diversas* eût permis au cédant de poursuivre le débiteur pour le surplus, le but d'Anastase aurait été complétement manqué, puisque le cessionnaire aurait agi contre le cédant par l'action *ex empto* pour le forcer à lui rembourser tout ce qu'il aurait reçu du débiteur, or, rien n'indique dans la loi *ab Anastasio* que Justinien ait connu cette fraude.

79. — Quant à la question de savoir à qui incombe la preuve du *quantum* du prix, elle est l'objet d'une vive controverse. Parmi les auteurs, les uns disent que la preuve doit être faite par le cédé, c'est à lui de démontrer que la cession a été consentie pour un prix inférieur au montant de la créance. La loi *Per diversas* lui accorde véritablement une exception, c'est à lui à en prouver la teneur en vertu du principe *reus excipiendo fit actor*. Les autres, et nous sommes de cet avis, disent que c'est au cessionnaire à prouver qu'il a acheté la créance pour sa valeur nominale et non pas parce que la loi présume ici le dol, comme on l'a dit; mais parce qu'il est de principe que tout demandeur prouve non-seulement le fondement de son droit, mais encore le *quantum* de ce droit. D'ailleurs nous ferons remarquer que dans l'autre opinion, imposer au cédé la preuve de l'exagération du prix ce serait presque toujours exiger de lui

l'impossible et rendre illusoire la faveur qu'on lui accorde.

80. — Nous avons vu que la loi d'Anastase avait admis des exceptions, et nous avons dit sur quelle idée étaient fondées ces exceptions (1). Il nous faut ajouter que Justinien craignant encore que la fraude ne vînt se glisser même dans ces exceptions, les supprima par une constitution qui ne se trouve pas au Code, mais qui fut insérée dans les Basiliques ; de sorte que, en dernière analyse, le cessionnaire ne put, dans aucun cas, demander au-delà du prix qu'il avait déboursé (2). Le cessionnaire à titre gratuit seul put poursuivre le débiteur cédé pour la totalité de la créance cédée.

(1) V. Hic, n. 74.
(2) V. Cujas, observ. 16, C., 16.

DROIT FRANÇAIS.

INTRODUCTION.

THÉORIE DE LA CESSION.

1. — De même qu'en droit romain nous avons déterminé ce que nous entendions par l'expression *cession de créances;* de même, en droit français, nous croyons devoir préciser le sens de ces mots. Entendue dans un sens général, la cession de créance se présente dans un grand nombre de matières et avec des caractères différents ; en effet, toutes les fois qu'une créance passe d'une personne à une autre personne, nous savons que l'on peut dire qu'il y a cession de créances. Notre intention n'est pas de passer en revue et d'étudier tous les

cas où ce résultat est produit : nous prenons ces mots, cession de créances, dans le sens que le Code leur donne, et nous ne traiterons que de la transmission des créances à titre de vente.

2. — Le mot vente, en droit français, réveille une autre idée qu'en droit romain. En droit romain, la vente est un contrat, et rien qu'un contrat ; elle fait, par conséquent, naître des obligations. En droit français, la vente est aussi un contrat qui fait naître des obligations ; mais, de plus, c'est un contrat *qui a pour effet de transporter la propriété* (711-1138). Cette idée de translation de la propriété est intimement liée à l'idée même de vente, sans cependant en être une partie essentielle.

Cette manière de voir n'était pas celle de notre ancienne jurisprudence, qui considérait la vente comme les Romains l'avaient considérée, et qui distinguait nettement l'idée de translation de la propriété de l'idée du contrat lui-même.

La législation romaine et notre ancien droit posaient en principe que nul contrat ne pouvait, par la seule force de la volonté des parties, transmettre la propriété (1). Il fallait, pour opérer ce résultat, un acte extérieur, une certaine formalité ; de telle sorte qu'il n'y avait propriété, c'est-à-dire droit absolu, opposable à tous, que lorsque tous auraient

(1) V. Leg. 20, C., de pactis.

été avertis ou auraient pu l'être. Cette théorie nous paraît logique et rationnelle; elle est surtont d'une grande utilité pratique.

3. — Ceci posé, nous pouvons nous demander quelle fut la théorie de l'ancien droit français sur la cession des créances.

Avant la renaissance du droit romain en France, nous ne trouvons aucun document; les lois barbares ne parlent pas de la cession des créances, et l'on comprend que les législations de cette époque ne se soient pas occupées d'un fait juridique qui, s'il existait, devait être rare. En l'absence de texte, nous ne donnerons aucune décision.

Après la rénovation des études du droit romain, notre ancienne jurisprudence présente sur ce point quelque obscurité. Pour mettre un peu de clarté dans cette exposition, nous croyons utile de séparer bien nettement deux questions bien distinctes : la question de transmissibilité et la question de transmission du droit de créance; nous nous demanderons donc d'abord comment notre ancien droit considérait la cession des créances au point de vue de la transmissibilité ou de l'intransmissibilité du droit de créance, et ensuite nous étudierons la question de translation de propriété, en d'autres termes, nous nous demanderons comment s'opère le déplacement de la créance.

4. — Sur la première question, nous voyons

Pothier nous dire avec la doctrine romaine que la créance étant un droit personnel ne peut se transmettre; « car le débiteur s'étant obligé envers « une certaine personne, ne peut point par le « transport de la créance qui n'est point de son « fait devenir obligé envers un autre » (1). Mais, il n'en est ainsi, nous dit-il, « que si l'on considère « la subtilité du droit. » Aussi cette idée fut-elle abandonnée dans l'ancienne jurisprudence où l'on ne voit nulle part, posée cette question de principe les créances sont-elles susceptibles de transmission?

Reste à savoir comment, dans l'ancienne jurisprudence, était considérée la cession des créances en tant que contrat; la vente d'une créance avait-elle lieu *solo consensu* et suivait-elle les règles générales de la vente, où bien était-elle considérée comme le résultat d'un mandat? Les deux opinions paraissent avoir existé en même temps, sans qu'on se soit inquiété de les accorder : Les Glossateurs avaient dit : *est similitudo inter emptionem rei corporalis et nominis dationem.* (2) Et Pothier, reproduisant cette idée, nous dit : « le transport d'une « vente ou autre créance, est avant que la signifi- « cation en ait été faite au débiteur, ce qu'est la « vente d'une chose corporelle avant la tradition. » Et puis d'un autre côté nous trouvons que l'idée

(1) V. Pothier, vente, n. 550.
(2) Mag. Gloss., ad leg. ult. C., quand. fisc.

de mandat n'était point abandonnée ; le même Pothier nous dit au n° 558: « le cédant, nonobstant « le transport et la signification, demeure toujours « créancier, c'est toujours en lui que réside la « créance. » (1) Il nous est donc impossible de préciser le véritable caractère de la cession.

5.—Examinons maintenant la question de transmission du droit de créance. Il s'agit de savoir ici à quelle condition s'opère le déplacement de la créance, soit entre les parties, soit relativement aux tiers.

En droit Romain la simple cession valait tradition, la *litis denuntiatio* n'était pas une condition de la cession, elle avait simplement pour but de lier le débiteur vis-à-vis le cessionnaire, en ce quelle empêchait le débiteur de pouvoir valablement payer entre les mains du cédant, mais avant comme après la dénonciation, le cessionnaire pouvait agir contre le débiteur. Dans notre ancienne jurisprudence, la *litis denuntiatio* devint la signification, et sous ce nom changea complétement de caractère, elle joua dans la cession des créances le même rôle que la tradition dans la vente des choses corporelles (2). C'est à dire que le cessionnaire ne fut saisi de la créance que par la signification qui donnait, dit de Laurière (3), la saisine ou la posses-

(1) V., dans le même sens, Ferriere cont. d. Paris, art. 108.
(2) V Pothier, n. 554. V. aussi n. 318.
(2) Sur la Cout. de Paris, art. 108.

sion des actions transportées. Cette doctrine est résumée dans l'art 108 de la coutume de Paris, ainsi conçu : « simple transport ne saisit point, il « faut signifier le transport à la partie, et en bailler « copie avant que d'exécuter. » De ce principe résultait cette conséquence pratique : le cessionnaire n'étant saisi que par la signification, si avant cette signification les créanciers du cédant ont fait une saisie, ils seront préférés au cessionnaire sur les objets cédés (1).

Telle fut la législation à peu près générale des pays coutumiers (2). A côté de ce principe de la coutume de Paris, on rencontre d'autres coutumes un peu différentes, mais toujours éloignées du principe romain. Ainsi la coutume de Melun (art. 310), et l'art. 263 (*valde ineptus*, comme dit Dumoulin), de la coutume de Blois, avaient exagéré le principe de la coutume de Paris et décidaient que le cessionnaire n'était saisi de la créance qu'après avoir, outre la signification, fait déclarer en justice l'obligation exécutoire contre le débiteur. Dans la province de Béarn, on allait encore plus loin : le cessionnaire n'était saisi que par le paiement ; jusqu'à ce moment, la somme ou l'effet cédé était toujours censé dans le patrimoine du cédant.

C'était là des règles exceptionnelles, et presque

(1) V. Merlin, au mot transport.
(2) V. Cout de Calais, art. 221. De Clermont, 53, etc.

partout la signification était nécessaire, mais suffisante, pour saisir le cessionnaire (1). C'était là une règle nouvelle, comme nous l'avons dit, et qui ne trouvait pas son origine dans le droit romain. Cependant Brodeau voyait dans la règle : *Transport ne saisit* l'application de la Constitution de Gordien. Cette erreur fut facilement réfutée, et Pollet nous montre l'intérêt pratique de la question (2). En effet, dans le parlement de Douai, on suivait le droit romain quand la coutume était muette, et l'on décidait par conséquent que le cessionnaire étant saisi indépendamment de la signification, si les créanciers du cédant ont fait une saisie, ils ne seront pas préférés au cessionnaire sur les objets cédés.

Il semblerait donc que, dans les pays de droit romain, on dût décider comme dans le parlement de Douai ; et cependant nous y trouvons cette même transformation de la *litis denuntiatio* en *signification*. Ainsi, dans le parlement de Toulouse, on suivait exactement l'art. 108 de la Constitution de Paris (3) : « Avant que la signification ne soit faite, » dit Serres, l'obligation appartient au cédant, et » demeure, par conséquent, sujette à l'hypothèque

(1) V. cependant Ferrieres corp., et compilation de tous les commentateurs sur la Cout. de Paris, art. 108. § 1, n. 6.

(2) Dans son recueil d'arrêt du parlement de Douai, part. 1, § 22.

(3) V. Claude Serres, Inst. au D. franç., p. 531.

» de ses créanciers. » Nous pensons que le principe coutumier de la coutume de Paris avait passé dans les pays de droit écrit, et nous ne croyons pas que la jurisprudence du parlement de Toulouse fût le résultat de l'erreur de Brodeau ; car l'opinion contraire était adoptée universellement.

6. — Telle fut, sur les deux questions que nous nous sommes posées, les principes de notre ancienne jurisprudence. Recherchons maintenant quelle est la théorie de la loi qui nous régit.

Quelle est d'abord la théorie du Code sur la transmissibilité du droit de la créance? Notre législateur a-t-il admis le principe romain? Regarde-t-il la cession des créances comme directement impossible et ne pouvant avoir lieu qu'au moyen d'un mandat réel et sous-entendu? Ou bien, au contraire, a-t-il considéré le transport des créances comme possible et au même titre que celui des choses corporelles?

Nous pensons que ce second point de vue est celui de la loi; nous avons vu (1) que c'était ainsi que Doneau considérait la cession des créances, même en droit romain, et par l'étude des travaux préparatoires, nous voyons que cette idée fut celle du législateur. « Indépendamment des choses mobi-« lières et immobilières, disait Portalis (2), il est

(1) V. Th. Romaine, n. 30.
(2) V. Fenet, t. 14, p. 149.

« une troisième espèce de biens, celle des créances « et autres droits *incorporels*. Cette espèce de « biens est de la création de l'homme, elle est dans « le commerce, comme tous les autres biens, elle « est conséquemment susceptible d'être vendue, « cédée et transportée. » M. Grenier (1) disait de même : « Il y a une troisième espèce de propriété « qui peut faire l'objet de la vente, ce sont les « créances et autres droits *incorporels*. »

Ainsi donc, assimilation du droit de propriété et du droit de créance, ils sont tous les deux transmissibles directement.

On peut cependant se demander encore aujourd'hui, en théorie, si le droit de créance est susceptible de transmission ; une créance étant un rapport entre deux personnes déterminées, on ne peut changer un de ses termes sans changer le rapport lui-même. Nous répondrons que, pour nous, c'est là une question de mots et qui dépend entièrement du point de vue auquel on se place : si l'on ne considère que le rapport, il ne peut pas y avoir transmission, si l'on ne considère que l'utilité, la transmission devient possible.

7. — Recherchons maintenant quelle est la théorie du Code sur la transmission du droit de créance, sur les conditions de son déplacement.

(1) V. Fenet, t. 14, p. 205.

Nous avons dit que la vente, dans notre droit, opère par elle seule dessaisissement du vendeur et saisissement de l'acheteur (art. 1138 et 1583). Il n'y a plus besoin de tradition. Nos législateurs ont sur ce point amené une véritable révolution dans notre droit. Il résulte de l'art. 1583, applicable à toute espèce de vente, et d'un argument *a contrario*, tiré de l'art. 1690, que le fait de dessaisine est opéré entre le vendeur et l'acheteur de créances, par cela seul qu'il y a vente : *solo consensu*; mais, d'après l'art. 1690, l'acheteur *n'est pas saisi à l'égard du tiers*, par cela seul qu'il y a vente; il faut de plus que le cessionnaire ait signifié la vente au débiteur, ou que ce débiteur ait accepté cette vente dans un acte authentique.

8. — Ainsi en matière de cession de créance le législateur s'est éloigné du principe général posé dans l'art. 711 et 1138, et il fit de même en matière de donation. De sorte qu'il exista deux exceptions à ce principe général : que le seul consentement suffit pour transférer la propriété. Et il faut bien remarquer que ces exceptions ne sont pas directement opposées à la règle, nous voulons dire que la règle est maintenue entre les parties, entre elles le consentement suffit pour opérer la translation du *dominium* ; elle n'est abrogée que vis-à-vis des tiers, de sorte que l'aliénation reste incomplète jusqu'à l'accomplissement de certaines formalités.

Il est arrivé par là qu'un acheteur de créances ou un donataire s'est trouvé propriétaire à l'égard d'une seule personne déterminée, et non propriétaire à l'égard de tous autres; c'est-à dire que les rédacteurs du Code ont proclamé une *propriété relative*, idée qui, au premier abord paraît incompréhensible, et qui cependant peut se justifier (1).

9. — Ces exceptions au principe général de l'art. 711, furent des concessions faites aux partisans de la transcription en matière de vente ; nous savons quels débats eurent lieu sur ce point ; et quelles erreurs de rédaction en furent la suite. La loi du 23 mars 1855 est venue pour ainsi dire faire disparaître ces anomalies ; elle a détruit l'innovation des rédacteurs, elle a abrogé le principe de l'art. 711, elle a fait revivre l'ancien principe de la publicité. (Mais cela seulement, et bien à tort selon nous, dans les aliénations entre vifs de propriété immobilière). De telle sorte que maintenant, la théorie du code sur l'aliénation des créances est conforme au principe de la législation sur les aliénations en général. Le simple consentement transfère la propriété *entre les parties* dans toute espèce de vente; mais *vis-à-vis des tiers*, tant qu'il n'y a pas une formalité, un acte extérieur, l'aliénation

(1) Il n'est pas en effet impossible qu'un droit réel existe vis-à-vis de quelqu'un, et n'existe pas vis-à-vis d'une autre personne. V. leg. 4, § 7, ff. si servitus vindicetur.

est incomplète : quand il s'agit de la translation d'un immeuble, il faut la transcription, quand il s'agit de la transmission d'une créance, il faut la signification ou l'acceptation authentique. Ainsi ce principe de propriété relative est maintenant général, et c'est là ce qui fait la différence de notre droit avec le droit Romain et avec notre ancien droit. Dans le droit Romain et dans notre ancien droit, le simple consentement ne put jamais suffire pour transporter la propriété même entre les parties ; tandis qu'aujourd'hui l'acheteur devient propriétaire à *l'égard du vendeur*, de telle sorte que dans notre matière la signification est non une nécessité absolue de la transmission du droit comme dans l'ancien droit où elle jouait le rôle de la tradition ; mais bien une mesure de publicité analogue à la transcription.

Tels sont les principes généraux qui nous régissent actuellement.

CHAPITRE Ier.

QUELLES CRÉANCES PEUVENT ÊTRE CÉDÉES.

10. — Les biens incorporels qui sont, à proprement parler, les *droits*, sont compris dans les choses qui sont dans le commerce ; ils peuvent donc être vendus (Art. 1598). La cession d'une créance à titre de vente présente tous les caractères constitutifs de ce contrat : le consentement, la chose et le prix ; et en outre, comme dans tout contrat (1108), nous devons y trouver une cause licite et la capacité des parties contractantes. Nous avons déjà parlé du consentement ; pour la cause, nous n'avons rien de particulier à dire, nous référant aux principes généraux (1131). Dans ce chapitre, nous nous occuperons de l'objet du contrat, c'est-à-dire que nous chercherons quelles créances peuvent être cédées. Dans le chapitre suivant, nous étudierons la capacité des parties contractantes.

11. — Recherchons donc quelles sont les créances susceptibles d'être cédées. La règle, sur ce point, est celle de l'art. 1598, qui n'est lui-même qu'une application du principe de l'art. 1128. Ainsi, toutes

les créances peuvent être cédées, tel était le principe du droit romain et de l'ancienne jurisprudence; tel est le principe actuel.

Cette règle générale est cependant soumise à quelques exceptions.

12. — Certains auteurs, cédant au désir de poser des règles absolues, ont cru trouver le moyen de résumer, dans une formule unique, tous les cas d'exceptions. Les uns (1), reprenant la maxime de Bartole, posent, « en thèse générale, que ce qui » est transmissible aux héritiers est cessible et ré- » ciproquement, et que ce qui n'est pas transmis- » sible n'est pas cessible et réciproquement. » Et l'auteur que nous citons, après avoir déclamé contre ceux qui attaquent cette règle, admet lui-même que cette règle n'est pas absolue. D'autres posent en principe que tous droits qui ne peuvent être exercés par les créanciers, en vertu de l'art. 1166, ne peuvent être cédés.

Toutes ces règles ne sont d'aucune utilité, car, d'abord, elles ne font que déplacer la difficulté, puisqu'il n'est pas plus facile de connaître les droits intransmissibles par voie de succession, ou qui ne peuvent être exercés par les créanciers d'après l'art. 1167, que de connaître les créances incessibles; ensuite, elles ont l'inconvénient de ne

(1) V. M Troplong, vente, 224.

pas offrir un principe certain de solution pour toutes les hypothèses ; et de pouvoir, par conséquent, induire en erreur. Car, d'un côté, il y a des droits trnsmissibles aux héritiers, qui ne passent pas aux ayant cause à titre particulier. Telle est l'action en révocation d'une donation pour cause d'ingratitude (V. Art. 957), et d'un autre côté certains droits, qui ne peuvent être exercés par les créanciers malgré le débiteur, peuvent l'être de son consentement et, par conséquent, sont cessibles (1). Ainsi, l'action en dommages-intérêts pour crimes ou délits contre la personne.

13. — Il vaut mieux suivre modestement la méthode que nous trace la loi elle-même dans l'art. 1598, et procéder par énumération. Nous dirons donc, qu'en principe, tous droits personnels (nous ne nous occupons que de ceux-là) peuvent être vendus, à moins que les lois particulières n'en aient prohibé l'aliénation.

Parmi les créances dont l'inaliénabilité est formellement établie par la loi, nous citerons :

1° Les pensions fournies par l'Etat ou les administrations publiques, les traitements de réforme, les pensions de la Légion d'honneur et les soldes de retraite (2).

(1) V. Zachariæ II, 359.

(2) V. Déclaration du 7 janv. 1779 ; — arrêté du 26 juillet 1802, avis du C. d'État, 25 janv. 1808 ; — loi du 11 avril 1831, ordonnance du 27 avril 1817 ; — Loi du 19 mai 1834, art. 20.

2° Les rentes fournies par la caisse des retraites pour les vieillards jusqu'à concurrence de 360 francs (1).

3° Les parts éventuelles dans le produit des prises maritimes (2).

Certaines cessions sont encore prohibées par la loi, mais implicitement.

14. — Ainsi, les créances d'aliments doivent être regardées comme incessibles. Ceci résulte pour nous de l'art. 581 du Code de procédure civile, qui les déclare insaisissables, et de l'art. 1004, Cod. qui défend de compromettre sur de pareilles créances. Quand la loi prend de telles précautions pour que ces créances restent où elles sont placées, ne nous indique-t-elle pas qu'elle entend en défendre la transmission? Et comment comprendre que celui qui ne peut compromettre sur cette créance d'aliments puisse l'aliéner directement, ce qu'il sera certainement obligé de faire pour éviter la contrainte par corps dont il serait menacé. Le but de la loi serait manqué; d'ailleurs, les créances d'aliment ne constituent-elles pas un bien dont nous n'avons pas la *libre disposition* (art. 1003 et 1004 c. pr.), qu'y a t-il d'étonnant à ce qu'elles

(1) V. loi du 18 juin 1850, art. 5.

(2) V. loi du 1er oct. 1793, art. 46. Arrêté du 9 vend. an XI, art. 42.

soient incessibles (1)? Nous irons même plus loin et nous dirons que, si les créances d'aliments sont déclarées insaisissables, c'est parce qu'elles sont incessibles.

Notre solution est générale, nous ne distinguons pas, comme en droit romain, entre les aliments donnés par acte entre vifs et ceux donnés par testament. L'ancienne jurisprudence avait déjà repoussé cette distinction (2) et le Code ne l'a pas reproduite. Nous rejetons aussi la distinction de quelques auteurs (3) qui accordent que le droit aux aliments, *ex jure sanguinis*, ne peut être cédé, mais qui soutiennent, avec la jurisprudence, que rien n'empêche la cession des aliments dus *ex testamento* ou *ex contractu* (4).

15. — Quant aux créances saisies arriérées, la question présente plus de difficulté.

L'effet de la saisie-arrêt vis-à-vis du tiers saisi est d'empêcher tout paiement au préjudice du saisissant (art. 1242 et 1298); la créance est donc frappée d'indisponibilité entre les mains du tiers saisi. S'il ne survient point de nouvelles saisies-arrêts, il n'y a pas de difficulté, la saisie produit

(1) La capacité de compromettre suppose celle d'aliéner. V. M. Bonnier, n. 988, proc. civ.

(2) V. Papon, arrêts, l. 18. t. 1, 20.

(3) V. M. Troplong, vente, 227.

(4) V. arr. cass., 31 mai 1826, et 24 avril 1841.

effet jusqu'à concurrence de la somme énoncée dans l'exploit (559 c. pr.); pour l'excédant le paiement est valable, puisqu'il ne porte point préjudice à la saisie-arrêt. Mais s'il survient de nouvelles saisies-arrêts, nous nous trouvons en présence d'une grave difficulté (1). Tout le monde est bien d'accord que la saisie-arrêt frappe la créance d'une certaine indisponibilité ; mais jusqu'où s'étend cette indisponibilité? C'est là qu'est la difficulté, et, par conséquent, la controverse. Il paraît que, dans l'ancienne jurisprudence, la créance entière devenait indisponible par l'effet de la saisie-arrêt (2); de telle sorte que dans cette opinion, reproduite par quelques auteurs et par quelques arrêts (3), la créance se trouve arrêtée pour le tout au profit des saisissants ultérieurs aussi bien que du premier saisissant. Nous n'avons pas adopté ce système;

(1) Soit une saisie-arrêt pratiquée pour 1000 fr. sur une créance de 10,000 fr., le tiers-saisi a payé 9,000 fr. à son créancier (le débiteur saisi), surviennent de nouvelles oppositions pour une valeur de 9,000 fr. Si l'on dit qu'il y a indisponibilité pour le tout, le tiers saisi sera obligé de payer de nouveau 9,000 fr. Si l'on dit qu'il n'y a indisponibilité que jusqu'à concurrence des causes de la saisie, on décidera que les saisissants postérieurs, ne pouvant s'attaquer qu'aux fonds demeurés libres, prendront 900 fr. sur les 1,000 qui restent, et le premier saisissant ne touchant que 100 fr. aura précisément pour ces 900 fr. un recours contre le tiers saisi.

(2) V. Denizart, transport, § 10. Nous ne comprenons guère cette idée en présence du principe qui accordait privilége au premier saisissant.

(3) V. Bourdon, Journal des avoués, 50, p. 72.

nous pensons, au contraire, que l'indisponibilité n'est que partielle et que, pour tout ce qui excède les causes de la saisie, la créance saisie-arrêtée peut parfaitement être cédée (1), de telle sorte que les saisies ultérieures viennent seulement en concurrence sur les sommes qui restent, après la cession, en vertu de la première saisie, dans les mains du tiers saisi, et que le premier saisissant seul est fondé à recourir contre le tiers saisi.

Dans le premier système, on considère le premier saisissant comme le *negotiorum gestor* de tous les créanciers qui viendront se joindre à lui; mais on ne s'appuie sur aucun texte, et d'ailleurs on ne peut soutenir que le saisissant a agi dans l'intérêt des autres créanciers, c'est contraire à la maxime : *res inter alios acta....*, et de plus on ne peut pas dire que les divers saisissants sont liés par des intérêts communs, puisque chaque nouvelle saisie a pour effet de diminuer le gage de la première, contrairement à ce qui avait lieu dans l'ancien droit (2).

Le système que nous adoptons est plus conforme à l'esprit du Code de procédure. L'art. 559 de ce Code, innovant en ce point, exige, à peine de nullité, que le saisissant indique dans son exploit

(1) V. arr cass., 26 fév. 1834. (Dev. 1835, t. 122.) Duvergier, II, n. 201, vente. — Roger, de la saisie-arrêt, 114.

(2) V. Pothier, proc. civ., part. IV, ch. II, sect. III, § 5.

le montant de la somme pour laquelle il saisit. A quoi servirait cette énonciation (que l'ancienne jurisprudence n'exigeait pas), si ce n'était pour avertir le tiers saisi qu'il ne peut plus valablement payer au débiteur saisi jusqu'à concurrence des causes de la saisie, mais qu'il peut le faire pour tout l'excédant ? On nous répond que tel n'est pas le motif de l'art. 559 ; il n'a pas pour but d'avertir le saisi de ce dont il peut disposer, mais il exige l'énonciation de la somme pour que le débiteur saisi puisse faire à son créancier des offres réelles et obtenir une mainlevée prompte et régulière. Nous répondrons que le débiteur saisi n'a pas besoin de cette mention de la somme faite dans un exploit remis à un autre pour savoir combien il doit, et pour pouvoir, par conséquent, faire des offres réelles valables.

Nous n'argumenterons pas de l'art. 4 du décret du 18 août 1807, ainsi conçu : les saisies-arrêts faites entre les mains des caissiers ou dépositaires publics, ne vaudront que jusqu'à concurrence des causes de l'opposition. Car les uns le citent pour prouver par analogie que c'est là la pensée de la loi dans la question qui nous occupe. Et les autres, raisonnant *a contrario*, nous disent que si ce n'eût pas été là une exception à la règle générale, il n'aurait pas été nécessaire de l'écrire.

Mais ce qui établit notre système d'une manière

incontestable, selon nous, c'est l'argument que nous fournissent les art. 1242 et 1298 du Code civil. Ces articles, en effet, n'annulent le paiement ou la compensation survenue après la saisie-arrêt, que relativement au créancier saisissant, et non pas d'une manière absolue (1), ce qui démontre bien que, vis-à-vis des opposants postérieurs, ces deux actes sont parfaitement valables. D'ailleurs, comment le paiement serait-il fait au préjudice de saisissants qui ne se sont pas encore fait connaître? Ainsi donc, si le paiement de ce qui excède les causes de la saisie fait par le tiers saisi est valable, c'est que le débiteur saisi avait capacité de le recevoir, c'est qu'il était encore maître d'une partie de la créance; c'est que l'indisponibilité de la créance saisie arrêtée ne dépasse pas les causes de la saisie.

Enfin, nous ferons remarquer que le système contraire a le grave inconvénient d'immobiliser dans les mains du tiers-saisi, pour des sommes quelquefois très minimes, des valeurs très considérables, comme nous en voyons un exemple dans l'arrêt cité par Denisart (2).

(1) 1242. Le paiement fait au préjudice d'une opposition n'est pas valable *à l'égard des créanciers opposants*, 1298. Celui qui, étant débiteur, est devenu créancier depuis la saisie arrêt... ne peut, *au préjudice du saisissant*, opposer la compensation.

(2) V. Denizart, transport, § 10.

CHAPITRE II.

CAPACITÉ EN MATIÈRE DE CESSION.

16. — L'art. 1594 nous donne ici la règle générale, tous ceux auxquels la loi ne l'interdit pas peuvent acheter ou vendre. La capacité est la règle, l'incapacité l'exception (V. art. 1123). Il n'y a donc d'incapables que ceux que la loi a expressément déclarés tels (V. art. 1125).

17.—Quant à la capacité de vendre une créance, c'est-à-dire de faire une cession, elle est la même que pour consentir une vente ou une donation; et les exceptions en matière de vente ordinaire s'appliquent aussi en matière de vente de créances. Ainsi la loi prohibe toute vente entre époux (art. 1595), parce qu'il leur serait trop facile de se faire, à l'aide de ventes simulées, des libéralités excédant la quotité disponible réglée par les art. 1094 et 1095, ou des libéralités irrévocables (V. art. 1096). Il n'y a, d'après l'art. 1595, que trois cas dans lesquels la vente peut avoir lieu entre époux, parce que dans ces trois cas la vente a une cause légitime. Des dérogations sont aussi spécialement établies en ce qui regarde la capacité des administrateurs.

Ainsi, il faudrait examiner si le tuteur, le mari sous les différents régimes, la femme séparée de biens, peuvent vendre les créances faisant partie des biens dont ils ont l'administration. Ce serait là une étude spéciale à faire, et que ne nous permettent pas les limites de ce travail.

18.—Quant à la capacité d'acheter une créance, c'est-à-dire de recevoir une cession, nous trouvons établies dans la loi quelques exceptions spéciales.

Ainsi le tuteur, qui ne peut se rendre cessionnaire d'aucune créance appartenant au mineur (1), ne peut accepter la cession d'aucune créance contre le pupille (art. 450). Le législateur a craint que le tuteur ne manquât à son devoir de protection en achetant ces créances à vil prix pour en tirer le plus grand parti possible contre le mineur, ou ne s'entendît avec le créancier pour faire revivre des créances éteintes par un paiement dont il ferait disparaître les traces.

L'art. 450 n'indique pas de sanction à cette prohibition. Une première opinion consiste à dire que la cession est radicalement nulle et qu'il ne faut pas en tenir compte ; de telle sorte que le tuteur se fait rendre le prix de cession qu'il a payé au cédant,

(1) Ce qui rentre dans la règle générale établie à l'égard du tuteur, puisqu'il ne peut se rendre acquéreur (450 2°) ni adjudicataire (1596) des biens du pupille.

et celui-ci conserve sa créance contre le mineur, comme si rien n'avait été fait (1).

Dans un second système, la cession n'est frappée que d'une nullité relative, c'est uniquement l'intérêt du mineur que la loi a eu en vue ; c'est lui seul qui pourra demander la nullité, et, dans ce cas, les choses sont remises au même état que s'il n'y avait jamais eu cession. Si le tuteur, au contraire, est accepté comme cessionnaire, soit par le mineur devenu majeur, soit par le subrogé-tuteur, il n'a que le droit de réclamer le prix qu'il a payé au cédant (2).

Un troisième système reproduit la doctrine romaine (3). La cession est valable à l'égard du cédant, et nulle dans les rapports du tuteur avec le mineur ; d'où il résulte que la créance est éteinte, car elle n'appartient ni au créancier originaire, puisqu'il l'a cédée, ni au tuteur, puisqu'il n'a pas pu l'acquérir. Cette idée nous paraît trop romaine, s'il nous est permis de parler ainsi, pour l'adopter en droit français ; nous ne sommes pas habitués à tirer des conséquences si rigoureuses, et nous préférons la première opinion, qui nous paraît plus

(1) V. Duranton, III, nº 603. — Val. sur Proud., II, p. 309. Zachariæ, I, p. 235.

(2) V. Duc. Bonn. Rou., sur 450. — V. Demo. VII, n. 767 et seq.

(3) V. Nov. 72, C., 5.

conforme à cette règle, que les conventions illicites sont nulles, d'une nullité absolue.

L'art. 1597 défend aussi à certaines personnes de se rendre cessionnaires de droits et actions litigieux. Cette disposition, qui fait naître de graves questions relativement à sa sanction, qui est la nullité de la cession, trouvera plus naturellement son explication dans le chapitre que nous consacrons à la matière de la cession des droits litigieux.

CHAPITRE III.

DES EFFETS DE LA CESSION.

19. — Après avoir étudié la théorie de la cession des créances dans l'ancien droit et dans notre droit actuel, après avoir examiné quelles créances peuvent être cédées, et quelles personnes peuvent faire la cession, nous arrivons naturellement à l'étude des effets de la cession. Ces effets sont complexes, et pour les bien connaître nous les étudierons séparément. Dans une première section nous verrons quels sont les effets de la cession entre les parties, c'est-à-dire entre le vendeur et l'acheteur. Dans une seconde section nous considèrerons les effets de la cession relativement aux tiers.

SECTION I.

Effets de la cession entre les parties.

Nous avons dit quelle différence il y a entre la vente en droit français et la vente en droit Romain. De cette différence il résulte que nous devons ici étudier la cession sous un double point de vue ; car ce contrat, 1° contient aliénation, c'est-à-dire transmission de propriété ; et 2° fait naître des obligations.

§ I. *Transmission de propriété.*

20. — Nous nous sommes déjà expliqué sur ce point, nous avons vu que dès que le contrat de vente est parfait, c'est-à-dire que lorsque les parties sont d'accord sur la chose et sur le prix, que l'une a la volonté d'aliéner et l'autre celle d'acquérir, *solo consensu* la propriété du droit, mais seulement une *propriété relative* passe du vendeur à l'acheteur sans aucune formalité, sans même l'intervention du débiteur. La signification ou l'acceptation

authentique n'a aucune influence dans les rapports qui nous occupent actuellement.

21. — De ce principe de transmission de la propriété découle comme conséquence la règle de l'art. 1692. Car de même que si l'on vend un fond ou transporte le droit de propriété tel qu'il se comporte, de même si l'on vend une créance on transporte le droit de créance avec tous ses accessoires. L'art. 1692 est ainsi conçu : « La vente ou cession « d'une créance comprend les accessoires de la « créance, tels que caution, privilége et hypo- « thèque. » (V. aussi art 2112.) La rédaction de ces deux articles nous montre qu'ils ne sont pas limitatifs, et par conséquent tout ce qui pourra être regardé comme accessoire de la créance sera transféré avec elle, car le cessionnaire prend la place du cédant ; le droit reste absolument le même, et il n'y a que la personne du créancier qui est changée (c'est ce que nous dit l'art. 2112.) Ainsi outre le cautionnement, les priviléges et les hypothèques, nous dirons que les droits d'antichrèse et de gage, la contrainte par corps, le titre exécutoire passeront au cessionnaire comme accessoires, car le caractère distinctif des droits accessoires, c'est que le droit auquel ils sont unis tombant, ils s'évanouissent et n'ont plus de raison d'être ; et c'est ce qui a lieu pour les droits que nous venons d'énumérer. Le droit aux intérêts à échoir est aussi un droit

accessoire qui passe au cessionnaire. Quant aux intérêts déjà échus au moment de la cession, le cessionnaire y a-t-il droit? Si l'acte de cession s'en explique, pas de question; nous supposons l'acte muet sur ce point. Quelques auteurs décident que ces intérêts appartiennent au cédant, car disent-ils ce sont des fruits civils qui s'acquièrent jour par jour, par conséquent ils sont dus au cédant indépendamment du capital; c'est une créance tout à fait distincte et qui n'a pas été cédée puisque l'acte de cession n'en fait pas mention.

Nous pensons au contraire que ces intérêts sont compris dans la cession, par cela seul qu'ils n'ont pas été formellement réservés. En effet on ne peut pas nier que ces intérêts, quoique déjà échus, ne soient une dépendance de la créance, puisque c'est en vertu du même titre qu'ils sont exigés; aussi la remise du titre (art. 1689) à laquelle s'oblige le vendeur, indique-t-elle chez lui l'intention formelle de les céder avec la créance, puisque une fois dessaisi de ces titres, il ne peut plus poursuivre le paiement de ces intérêts. D'ailleurs ne devons-nous pas, dans le doute, décider contre le vendeur? (v. arpt. 1602) (1)

22. — Un point qui a été plus vivement controversé est celui de savoir si l'on doit considérer

(1) V. Duranton, XVI, 507. Duvergier, II, 221.

comme accessoires de la créance et comme étant dès lors transmis au cessionnaire les droits qui compétaient au cédant en vertu du contrat, ou acte qui a été la cause génératrice de la créance cédée, notamment les actions en nullité, en rescision ou en résolution.

Il est certain que ces actions peuvent être cédées; si elles l'ont été il n'y a pas de question, nous supposons donc une cession de créance faite purement et simplement, c'est-à-dire sans qu'on se soit expliqué sur ce point.

Dans l'ancienne jurisprudence on décidait la question négativement (1), et l'on disait que même la cession générale de tous droits et actions appartenant au cédant ne comprenait pas les actions rescindantes et rescisoires (2).

Un arrêt de Limoges du 27 nov. 1811, a reproduit cette doctrine, en disant que le cédant par respect pour lui-même a voulu que son engagement ou celui de ses auteurs fût respecté; que celui qui a passé un acte, quoique nul et invalide, peut avoir des raisons particulières de ne pas demander la rescision. Et dans cette opinion on cite une loi

(1) V. arr. du parlem. de Paris, juillet 1827, rapporté par Louet, t. I, lettre C, n° 12, et approuvé par Brodeau et par Mornac, ad rubr. t. ff., de resciend. vend. et ad leg. 6 de in integ. rut.

(2) V. Rousseau-Lacombe, restit. lect. 1, n° 15.

romaine. qui, à vrai dire, n'a pas trait à la question. (1)

Un autre système combat ces raisons et décide que les actions en nullité en rescision ou en résolution passent dans tous les cas au cessionnaire comme accessoires de la créance (2), mais les auteurs qui soutiennent ce système, égarés probablement par la position de la question dans l'ancien droit, justifient leur opinion en argumentant d'une cession de tous les droits et actions, cas dans lequel il n'y a pas de question, et où le cessionnaire étant vraiment au lieu et place du cédant, peut agir absolument comme le cédant, à moins qu'il n'y ait quelque restriction fondée sur quelque circonstance particulière appréciée par le juge du fait.

D'autres auteurs soutiennent le système directement contraire, et concluent que les actions en nullité, en rescision ou en résolution, étant d'autres actions que celle qui est cédée, et par conséquent ne pouvant pas avoir le caractère d'accessoires ne sauraient appartenir au cessionnaire. (3)

Enfin M. Zachariæ fait une distinction, il adopte le système précédent pour les actions en nullité et en rescision; mais il prétend que l'action en

(1) V. leg. 25, § 1, de minoribus.
(2) V. Troplong II, 916. Duvergier II. 222.
(3) V. Marcadé.

résolution de la vente à défaut de paiement du prix étant un moyen très efficace de faire valoir la créance elle-même doit être regardée comme un accessoire de cette créance, et comme telle, doit passer au cessionnaire par l'effet de la cession (1).

Quant à nous, nous adoptons ce dernier système, sans cependant nous fonder sur les mêmes raisons, car l'action en résolution est si peu un moyen de faire exécuter la créance que, en bonne logique, c'est un moyen de l'éteindre (2), et que par conséquent elle ne peut pas être considérée comme un accessoire de la créance. La question qui nous occupe nous paraît avant tout, être une question d'intention. Ainsi il ne nous semble pas être dans l'intention d'un cédant qui vend le droit d'exiger le prix d'un cessionnaire, qui a l'intention d'acheter ce droit, de vouloir céder en même temps des actions en nullité ou en rescision; il n'est pas question de cela dans le contrat; tandis qu'il nous paraît tout naturel que le cédant veuille bien que le cessionnaire exerce l'action en résolution pour défaut de paiement du prix; parce que c'est sur ce paiement du prix que porte la convention, parce que les parties comme la loi, mettent sur la même ligne le droit d'exiger le prix et le droit de demander la résolution (art. 1654) et que d'ailleurs, il est im-

(1) V. Zachariæ II, page 599, note 22.
(2) V. en effet art. 1234.

possible de supposer que le cédant, le vendeur, veuille bien se soumettre à anéantir cette action que lui donne la loi, ce qui arriverait quand il serait dessaisi. Cette manière de voir nous permet de justifier la jurisprudence (1) du reproche d'avoir rendu des décisions contradictoires, car nous répondrons qu'elle tenait compte de l'intention des parties et des circonstances qui pouvaient l'indiquer, et nous dirons avec Dumoulin *modica circumstantia facti, magnam inducit diversitatem juris.*

23. — L'inscription prise par le cédant à l'effet de conserver le privilége ou l'hypothèque qui garantit la créance, est acquise au cessionnaire; c'est là évidemment un accessoire. Seulement, comme le cédant pourrait donner mainlevée frauduleuse de l'hypothèque, le cessionnaire fera bien de faire mentionner la cession en marge de l'inscription, ou de requérir une nouvelle inscription en son propre nom.

Si une inscription avait été prise par le cédant, le cessionnaire pourrait la renouveler, et, si le cédant n'avait pas pris inscription, le cessionnaire pourrait la prendre en vertu du titre du cédant. Mais, sur ces deux hypothèses, on se demande s'il faut donner la même solution affirmative dans le cas où l'acte de cession serait fait sous seing

(1) V. Bordeaux, 23 mars 1832, Leroy 32. 2. 57, Amiens 9 nov. 1835, *id* 26. 2. 189. Amiens 4 déc. 1824.

privé (1). Nous pensons que la question doit se décider au moyen d'un argument *a fortiori* que l'on tire de l'art. 2152. En effet, cet article exige, pour que le cessionnaire puisse changer le domicile élu par le cédant, que la cession ait eu lieu par acte authentique. Comment admettre que le cessionnaire ait besoin d'un acte authentique pour faire changer le domicile, et qu'il lui suffise d'un acte sous seing privé pour faire changer le nom du créancier? Nous pensons donc que le conservateur des hypothèques peut se refuser à opérer tout changement dans l'inscription en vertu d'une cession par acte sous seing privé.

24. — A propos de l'art. 1692, on se demande si la transmission des privilèges et hypothèques a lieu lorsque la cession s'opère par voie d'endossement, comme cela se fait pour les lettres de change et les billets à ordre. Nous adoptons l'affirmative et nous pensons que le cessionnaire par voie d'endossement a des droits aussi étendus que le cessionnaire ordinaire. D'abord nous n'avons pas de texte qui contredise cette opinion, et ensuite nous ne trouvons pas que les arguments présentés dans l'opinion contraire soient suffisants pour faire rejeter la règle absolue et générale de l'art. 1692, qui ne fait aucune distinction. En effet, la nature même

(1) C'est ce qu'a fait la C. de cass., 25 mars 1816. Sirey. 16, 1 233.

de l'hypothèque ne répugne pas à cet effet de l'endossement, à tort ou à raison la loi n'exige pas de formes solennelles pour la cession de l'hypothèque, qui peut très valablement être transporté par un acte inconnu du débiteur et n'ayant pas date certaine. Il ne faut donc pas dire que l'opinion que nous soutenons apporterait la perturbation dans le régime hypothécaire.

On a dit que l'endossement était réservé aux matières commerciales et que les droits d'hypothèque et de privilége qui n'appartiennent pas à la législation commerciale, ne pouvaient être transmis que d'après les formes du droit commun. Cet argument, fondé sur une idée trop générale, n'est pas exact ; car il n'est pas vrai de dire que l'endossement est exclusivement réservé aux créances commerciales ; ce n'est pas la nature commerciale ou non du droit qui rend possible ou impossible la transmission par endossement, c'est uniquement la forme du titre, de telle sorte qu'un droit purement civil peut être transmis par cette voie du moment qu'il est constaté par une lettre de change ou un billet à ordre.

La cession de l'hypothèque n'est pas incompatible avec la formalité de l'inscription, puisqu'il n'est pas nécessaire que chaque cessionnaire prenne inscription, celle qui existe conserve le droit du créancier hypothécaire, quel qu'il soit.

Enfin, ce mode de transmission n'est pas incompatible avec les formalités prescrites aux tiers détenteurs pour arriver à la purge. Il est vrai que la cession leur est inconnue ; mais, aux termes de l'art. 2183, les notifications seront faites au domicile élu dans l'inscription. Il est vrai qu'ils ne savent pas à qui payer le prix d'acquisition, ne connaissant pas le dernier cessionnaire ; mais alors ils seront admis à consigner le prix de leur acquisition conformément à l'art. 2186. Il reste seulement une difficulté en ce que le porteur d'effets de commerce a le droit de refuser son paiement avant l'échéance (1) et l'acheteur qui veut purger a le droit de payer avant l'échéance. Nous pensons que le dernier cessionnaire, c'est-à-dire le porteur ayant les avantages de l'hypothèque, doit en subir les inconvénients, dont l'un précisément est d'être exposé à la purge. Nous déciderons donc que le droit de l'acquéreur l'emporte sur celui du porteur. Et nous maintenons ainsi la doctrine de la transmission par voie d'endossement des priviléges et hypothèques (2).

Nous ferons remarquer, en terminant ce paragraphe qui traite des droits transmis au cessionnaire, que si le cédant a retiré quelque chose de la créance cédée, soit par l'effet de la compensa-

(1) V. Pardessus, t. II, nos 109 et 114.

(2) La jurisprudence paraît suivre cette opinion.

tion, soit au moyen de paiements partiels, il doit en tenir compte au cessionnaire (1).

§ II. *Obligations réciproques des parties.*

25 — *Obligation du vendeur.* — Par le contrat de vente, le vendeur se soumet à deux obligations principales : celle de délivrer et celle de garantir la chose qu'il vend (Art. 1603).

26. — 1° *La délivrance* (Art. 1604) s'opère par la remise du titre (Art. 1689 et 1607), et si le droit cédé est une servitude, il peut arriver que la remise du titre ne suffise pas, il faudra de plus que l'acheteur ou le donataire puisse exercer le droit, il faudra qu'il y ait *patientia* de la part du *tradens*. La délivrance comprend, en outre, la remise des titres constatant les obligations accessoires et la tradition matérielle des gages qui accompagnent la créance; elle est d'ailleurs soumise aux autres règles du droit commun.

26. — Ce qu'il importe de remarquer ici, c'est que la délivrance n'a pas, pour ainsi dire, d'importance au point de vue théorique, elle n'est utile qu'au point de vue pratique, car, d'un côté, elle n'est pas nécessaire au transport de la propriété relative entre les parties, d'un autre côté, elle ne

(1) V. art. 1697, arg. d'analogie.

peut suppléer, vis-à-vis des tiers, la signification qui complète, à vrai dire, la propriété du cessionnaire. Elle est indifférente au point de vue de l'attribution du droit, et son principal effet est de donner au cessionnaire plus de facilité pour toucher le montant de la créance, tout en l'assurant que le créancier, n'ayant plus les titres, ne poursuivra pas le débiteur, et fera plus difficilement une deuxième cession de la même créance qui pourrait lui nuire, si ce second cessionnaire obtenait avant lui l'acceptation du cédé, ou faisait avant lui la signification.

27. — 2° *La garantie* due par le cédant présente ici des règles particulières qui dérogent aux règles de la garantie, établies en matière de vente ordinaire.

La garantie (1), sanction de l'obligation de livrer, est l'obligation de procurer à une personne la jouissance paisible et utile des droits que nous lui avons cédés, ou de l'indemniser si nous n'y réussissons pas. On distingue (2) la garantie telle qu'elle est établie par la loi, et la garantie telle qu'elle peut être modifiée par les conventions des parties. Les interprètes appellent la première *garantie de droit* et la seconde *garantie de fait* (3).

(1) Du vieux mot français *Garer*.

(2) Cette distinction est implicitement consacrée ici par les articles 1693, 1694 et 1695.

(3) V. Pothier, n° 559.

Ainsi, Loyseau nous dit : « pour venir aux effets » de la garantie, il faut prendre garde que les interprètes du droit ont remarqué deux sortes et » espèces de garantie, l'une qu'il appellent *evictionem juris,* qui concerne le droit et seigneurie » de la chose, l'autre qu'ils appellent *evictionem* » *facti* qui regarde la bonté intérieure d'icelle.

28. — *De la garantie de droit. Ancien droit.* — « Elle est ainsi appelée, nous dit Pothier, parce » que le vendeur en est tenu de plein droit, sans » qu'on en soit convenu, et par la nature même » du contrat. » De même, Loyseau avait dit : « La garantie de droit est due régulièrement encore qu'elle ne soit promise, » et il cite les sentences de Paul (1). Loyseau, qui a écrit un petit traité sur cette matière, et qui nous sert de guide ici, pose d'abord les principes sur la garantie de droit en général, il nous montre cinq cas dans lesquels la promesse de garantie a cependant une utilité. Il nous dit que, par le recours en garantie, on obtient : 1° le prix, et 2° les dommages-intérêts, et il explique par quelles clauses on peut s'exempter de la garantie de droit. Dans son chapitre II, il indique les principes généraux, tant pour la garantie de droit que pour la garantie de fait, afin de pouvoir mieux expliquer les règles spéciales en matière de

(1) V. lib. II, XVII, § 2.

vente de debte. Dans le chapitre suivant, il nous avertit d'abord que, en ce qui touche la garantie du droit pour les créances et rentes, il n'y a pas de difficulté : « quiconque, nous dit-il, vend une » dette ou une rente est tenu de garantir qu'elle » est due et légitimement constituée, encore qu'il » n'y ait aucune stipulation d'éviction, ni pro- » messe de garantie au contrat. Car, en tout con- » trat de vente indistinctement, le vendeur est » tenu de trois choses, par la nature du contrat, » pour exclure le recours de garantie : 1° que la » chose soit et subsiste ; 2° qu'elle lui appartienne ; » 3° qu'elle ne soit engagée ni hypothéquée à au- » trui. » Et il ajoute, pour nous montrer que jusqu'à présent la doctrine ne sort pas des règles générales : « Il est vrai que cette première condition » que la chose soit et subsiste, paraît davantage » et est plus remarquable en vente de debte ou de » rente qui n'ont pas leur être visible et palpable » comme les autres biens, meubles et immeu- » bles. »

29. — Le cédant ne répond donc que de l'existence de la créance ; c'est là la doctrine romaine, comme nous l'avons vu (1). Et les auteurs anciens, sur ce point, semblent avoir traduit les lois 4 et 5, *de Hered. vel. act. vend.* Le cédant ne répondait

(1) V. Thèse romaine, n° 53.

donc pas des évictions totales ou partielles qui procédaient d'une cause postérieure au transport ; car « il est indubitable que, comme le péril de la « chose regarde l'acheteur après la vente parfaite, « aussi les accidents qui surviennent sur la rente « même sont au dommage du cessionnaire. » Il ne garantissait pas non plus la solvabilité même actuelle du débiteur. Bourjon (1) présente cette idée d'une manière saisissante : « Le cédant, dit- « il, n'est point tenu de garantir que la dette était « *bonne*, mais seulement qu'elle était *due*. »

30. — *Droit actuel.* Les principes sont restés les mêmes dans le Code civil (V. art. 1693). Le vendeur doit seulement garantir que la créance existe, qu'il y a un débiteur ; mais il ne doit pas garantie de la solvabilité de ce débiteur (1694) ; ce n'est là d'ailleurs qu'une interprétation de volonté. Le législateur est peu favorable à l'acheteur de créances, il a interprété l'obligation de garantir en faveur du vendeur. Mais que faut-il entendre par *créance existante?* Le législateur a-t-il seulement voulu dire que la créance devait exister, et que peu importait que plus tard elle fût anéantie et qu'elle profitât ou non au cessionnaire. Nous n'hésiterons pas à dire que telle n'est pas la pensée de la loi. Garantir l'existence d'une créance, c'est garantir :

(1) V. Droit comm., p. 166.

1° qu'il existe une relation entre le cédant et le cédé; 2° que cette relation est efficace en droit. C'est garantir aussi que cette créance appartient au cédant, sans cela il y aurait vente de la chose d'autrui (art. 1599); nous retrouvons ainsi la théorie de Loyseau (1). Cette obligation de garantie imposée au cédant, porte non pas seulement sur la créance, mais aussi sur les accessoires, tels que caution hypothèque et privilége.

31. — Aucune disposition spéciale ne détermine quels sont les effets de la garantie de droit. Si l'on ne recourait pas aux articles de la vente, mais aux principes généraux, on déciderait que le cessionnaire pourra réclamer du cédant des dommages-intérêts, conformément à l'art. 1149, mais on sait que les rédacteurs du Code, suivant la doctrine de Dumoulin (2), ont posé (art. 1630) d'autres principes. Ils n'ont pas donné simplement à l'acquéreur évincé l'*actio empti* pour se faire indemniser; ils ont décidé : 1° que le vendeur n'ayant pas accompli l'obligation de rendre l'acheteur propriétaire, devait rendre à l'acheteur le prix que celui-ci avait donné dans ce but; 2° que le vendeur étant en faute, il doit indemniser l'acheteur, si celui-ci éprouve quelque dommage plus considérable que

(1) V. hic, n° 28.

(2) Doctrine fort juste, mais que Dumoulin a eu le tort de vouloir rattacher au droit romain.

la perte du prix. Ainsi toute la théorie du Code est dans ces deux idées : 1° annulation de la vente, — restitution du prix ; 2° faute du vendeur, — indemnité. Or, ici, nous sommes en matière de vente, il faut donc suivre les principes de la vente (art. 1630).

32. — Ainsi nous dirons que, si la créance n'existait pas, le cessionnaire pourra réclamer la restitution du prix, les intérêts de ce prix, les frais et loyaux coûts, tant du contrat de cession que ceux faits sur la demande en garantie, et enfin des dommages-intérêts, s'il y a lieu (art. 1630).

Si la créance cédée n'existait que pour partie, le cessionnaire pourra demander la résiliation du contrat pourvu que la partie du droit dont il est privé fût telle qu'il n'eût point acheté la créance sans cette partie, et alors on appliquera l'art. 1630. Si la cession est maintenue, faut-il dire que le cessionnaire aura droit à une restitution proportionnelle du prix, ou bien faut-il appliquer l'art. 1637 et décider que le cédant devra le remboursement de la valeur de la partie qui manque suivant une estimation. Nous pensons qu'il faut appliquer l'art. 1637, d'abord parce que nous suivons les règles de la vente et que nous ne voyons aucune raison de ne pas appliquer cet art. 1637. Ensuite parce que les motifs qui ont porté le législateur à suivre la théorie de Dumoulin ne se rencontrent pas ici puisque l'éviction n'étant pas totale, on ne peut pas dire qu'il y ait lieu à la restitution du prix. faute d'objet. Ici la vente est maintenue, le prix est dû, rien ne permet de le diminuer, seulement l'acheteur a droit à une indemnité qui sera évaluée d'après le préjudice éprouvé (1); nous ne comprenons pas d'ailleurs que l'on puisse établir une proportionnelle du prix, car le prix est évidemment fixé en considération de la solvabilité du débiteur cédé, or, plus la créance cédée diminue, plus la présomption de solvabilité augmente; donc il ne serait pas équitable de faire une réduction du prix proportionnelle à la diminution de la créance.

33. — Remarquons que le cédant est toujours garant de ses faits personnels, non-seulement postérieurs mais antérieurs au contrat. (V. art. 1628.) Et ici nous appliquons l'art. 1638. Car, comme dit Domat, il serait contraire aux bonnes mœurs qu'il pût manquer de foi (2).

34. — Recherchons maintenant dans quels cas l'obligation de garantie n'a pas lieu.

Elle cesse complètement quand l'acheteur a déclaré acheter la créance à ses périls et risques, lorsque le vendeur a exprimé formellement qu'il n'entendait vendre qu'une prétention, une chance, une *alea*. Dans ces deux cas en effet il ne peut y

(1) V. cependant Duvergier II, p. 318.
(2) V. leg. 1, § 7, de pactis.

avoir lieu à répétition du prix pour inexistence de la créance puisque ce prix n'étant que la représentation de la chance qui est courue, a une cause parfaitement licite. L'obligation de garantir cesse encore lorsque l'acheteur connaissait le danger de l'éviction et qu'il a laissé malgré cette connaissance insérer par le vendeur la clause de non garantie. (Art. 1629.)

35. — La garantie n'étant point de l'essence de la vente ; mais seulement de sa nature, les parties peuvent convenir que la cession aura lieu *sans garantie*. Quel est l'effet de cette clause ? nous savons qu'il y a deux choses dans l'obligation de garantie, la restitution du prix et la prestation de dommages intérêts. Loyseau nous dit que la clause : « Sans « garantie ou sans garantie fors des faicts et « promesses du vendeur, » exempte seulement le vendeur de prester des dommages-intérêts, il n'en est pas moins tenu à la restitution du prix, et que la clause « sans garantie ny restitution de de- « niers » le décharge complètement. Quoique ces formules ne soient plus en usage, nous pensons que la clause *sans garantie* n'est pas suffisante pour affranchir le vendeur de l'obligation de restituer le prix ; qu'elle le dispense seulement de la prestation des dommages - intérêts. C'est ainsi, comme nous le voyons, que cette clause était en-

tendue dans l'ancien droit (1). Et rien ne prouve que ce ne soit pas là la pensée de la loi. D'ailleurs nous ferons ici une remarque qui doit être étendue à toute cette matière, c'est que cette règle doit céder devant l'intention des parties ; la plupart des règles qui nous occupent ici ne sont en effet que des interprétations de volonté.

36.—*De la garantie de fait.* La garantie de fait est celle qui n'a lieu qu'autant qu'elle a été stipulée, lorsque *de fait*, dit Pothier, et par une clause particulière du contrat, le vendeur s'y est obligé.

37.—*Ancien droit.* On distinguait trois espèces de garantie de fait : 1° la garantie de fait simplement dite ou la garantie de tous troubles et empêchements quelconques ; 2° la clause de fournir et faire valoir la créance bonne, solvable et bien payable ; 3° la clause de payer soi-même après simple commandement (2).

1° *Garantie de fait simplement dite ou garantie de tous troubles et empêchements quelconques.*

Loyseau nous dit que le sens à donner à cette clause avait été fortement controversé, il combat d'abord l'opinion de ceux qui pensaient que cette clause ne servait de rien, « disants qu'il ne faut

(1) V. aussi Rousseau de Lacombe, *Garantie*, n° 11 ; v. Pothier, *Vente*, n° 186.

(2) V. Pothier, n° 559. V. Loyseau. V. Denisart, *Transport*, n° 24.

« pas que cette clause de garantie opère plus es « rentes qu'es autres ventes, et principalement se « fondant sur les lois, si nomen de hered. vel act. « vend. et si plus l. ult. de evict. » Mais ces lois, répond Loyseau, ne prévoient pas cette hypothèse, mais bien seulement celle où rien n'a été dit sur la garantie.

Il combat ensuite l'opinion : « d'aucuns tom« bant d'une extrémité dans une autre, qui tien« nent indistinctement que quand il y a promesse « de garantie, le vendeur est tenu de l'insolvabilité « du débiteur encore même qu'elle survienne « après le contrat de vente. »

Il arrive à une troisième opinion : « qui est que « la clause de garantie en une cession de debte ou « de rente, opère que le cédant est tenu de l'insol« vabilité du débiteur qui était lors du contrat, « mais non du péril ou insuffisance qui pourrait « survenir après (1). » Et il présente à l'appui de cette doctrine des arguments pour montrer, d'une part, que cette clause de garantie ne doit pas être assimilée à la garantie de droit, et, d'autre part, qu'il est irrationnel de décider que c'est seulement la solvabilité au moment du contrat qui est garantie.

2° *Clause de fournir et faire valoir.*

(1) V. Pothier, n° 561.

L'opinion admise sur l'effet de cette clause est qu'elle oblige le cédant à garantir la solvabilité même future du débiteur et à payer lui-même après la discussion des biens du débiteur cédé.

C'est Loyseau qui a fait triompher cette opinion (1), car, comme nous dit Pothier, « Il y a eu « différents sentiments sur l'interprétation de cette « clause (2). » Ceux qui, dans la clause précédente, ne voyaient que la garantie ordinaire du droit, prétendaient que, par celle-ci, le vendeur ne promettait que la solvabilité présente du débiteur et ne répondait point de la solvabilité future. Ceux, au contraire, qui voyaient dans la clause précédente l'obligation pour le cédant de répondre de l'insolvabilité future du cédé, soutenaient que cette clause impliquait l'obligation de payer soi-même. Ainsi Loyseau fit prévaloir l'opinion *métoyenne*. Il établit son sentiment en recherchant la signification des termes de la clause. *Fournir*, c'est suppléer, parachever, *fournir une rente*, ce n'est pas la bailler et céder simplement, ce n'est pas aussi la payer simplement ; mais c'est la payer au défaut du débiteur d'icelle ; c'est suppléer et achever ce qu'il ne pourra payer ; c'est s'en rendre caution, et *faire valoir* veut dire prendre sur soi, répondre que la

(1) Il a écrit ce petit traité de la garantie des rentes dans ce but.
(2) V. Pothier, n° 563

rente sera payée, c'est rendre la créance efficace à l'époque du paiement. « Le mot *faire*, dit-il, a une *grande emphase.* » Il argumente ensuite du verbe *promettre* qui se rapporte au futur pour montrer qu'il s'agit de la solvabilité future du débiteur (1). Ainsi donc le cessionnaire, à quelque moment que survint l'insolvabilité du débiteur cédé, avait son recours contre le cédant. Mais, nous dit Pothier, « pour que l'acheteur soit admis à cette action, il « ne suffit pas que le débiteur ait été mis en de- « meure de payer par un commandement, il faut « qu'il soit constant qu'il est insolvable, car par « cette clause le vendeur ne promet pas que le « débiteur *voudra* toujours payer, mais qu'il *pourra* « payer, qu'il sera solvable. Or, on ne peut con- « stater l'insolvabilité, dit plus loin Pothier, que « par la discussion des biens du débiteur. » Ce qui revient à dire que le cédant qui s'est rendu garant peut opposer l'exception de discussion.

La clause de *payer soi-même* était assimilée à la clause de fournir et faire valoir. Seulement Loyseau se demandait si le cessionnaire était obligé de discuter le débiteur. Il finit par admettre l'affirmative (2).

3° *Clause de payer soi-même après simple commandement.*

(1) V. Pothier, n° 563.
(2) V. Loyseau, ch. 8, § 9. V. Pothier, n° 572.

« Cette garantie, nous dit Pothier, diffère de la » précédente en ce que le cessionnaire ne s'oblige » à d'autres poursuites et diligence contre le débi- » teur, qu'à un simple commandement. » Le vendeur pourrait même aller jusqu'à s'obliger soi-même sans commandement et dès l'échéance à telle époque. Dans ce cas, le cessionnaire peut recourir contre le cédant, sans être tenu de discuter ni le débiteur, ni les cautions, ni les tiers-détenteurs de fonds hypothéqués à la créance.

Nous ferons, sur ces trois clauses mentionnées dans l'ancien droit, une remarque générale, c'est que le sens qu'on leur donne ne constitue que des règles générales interprétatives de volontés, et qu'on devrait s'en écarter, si des circonstances particulières indiquaient une autre intention dans la volonté des parties.

38. — *Droit actuel.* — C'est aussi, comme règles générales d'interprétation de volonté, que ces trois clauses sont applicables sous l'empire du Code. Elles ne sont pas reproduites textuellement, la garantie de fait est réglée par les art. 1694 et 1695. Cependant l'art. 1694 rappelle la clause de simple garantie et lui donne la même portée que dans l'ancien droit. L'art. 1695 fait allusion à la clause de fournir et de faire valoir, et, quant à la troisième clause, l'art. 1134 suffit pour l'admettre.

Les art. 1694 et 1695 nous présentent une idée

générale, c'est que le législateur, dans la matière qui nous occupe, est peu favorable à l'extension de la garantie ; l'interpétation doit être favorable au cédant, à moins qu'il n'y ait des clauses bien formelles. Ainsi, la clause de garantie de la solvabilité, ou même simplement de garantie, ou de garantie de tout trouble et évictions, ne s'étend que de la garantie de la solvabilité actuelle (1695). Et le vendeur ne répond de cette solvabilité que jusqu'à concurrence du prix de la vente (1694). Par une clause expresse, le vendeur pourrait se rendre responsable jusqu'à concurrence du montant de la créance ; mais alors il faut remarquer qu'il pourrait se faire, dans ce cas, que l'acheteur fût un usurier et le vendeur une personne dans l'embarras, et que les tribunaux appliqueront souvent l'art. 1 de la loi de 1807 (1).

Sur la seconde clause, même règle que dans l'ancien droit, seulement le code ne dit pas, dans ce cas, quel sera le recours du cessionnaire contre le cédant. Nous pensons que, par analogie, nous devons appliquer l'art. 1694, en présence surtout de l'idée générale que nous avons fait ressortir des art. 1694 et 1695 et aussi à cause de cette crainte que la vente couvrirait trop facilement un prêt

(1) V. d'ailleurs Loyseau, ch. 8, n° 24, et Bourjon, *Droit c*, l. 3, t. 3, sect. 3, n° 24.

usuraire, si l'on accordait au cessionnaire le recours pour le tout.

Quant à la troisième clause, nous ferons la remarque que nous avons faite plus haut, les tribunaux auront à vérifier, en fait, si elle constitue un contrat usuraire.

39. — Toute le monde s'accorde à dire que la garantie de fait du 1er et du 2e degré cesse d'être due si c'est par le fait du cessionnaire que la créance et les sûretés qui l'accompagnent ont péri (1). Mais la question de savoir si l'obligation de garantie subsiste, lorsque c'est la simple négligence du cessionnaire qui a causé l'insolvabilité du débiteur est vivement controversée.

Loyseau décide que le cessionnaire perd, en ce cas, son action en recours contre le cédant, par cette raison que le cessionnaire étant devenu propriétaire de la chose cédée, c'est à lui de faire les actes conservatoires et non au cédant. Les anciens auteurs ont en général adopté cette opinion (2). Pothier décide de même la question en faveur du cédant, dans son Traité de la vente, au numéro 565. Cependant au Traité des obligations il enseigne que les codébiteurs solidaires et les fidéjusseurs ne pouvaient opposer au créancier *l'exceptio cedendarum actio-*

(1) V. Loyseau, ch. II, no 2.

(2) V. Rousseau-Lacombe, *Garantie*, no 9, et Despeisse, Part. I, t. I, sect. V, § 20, no 20.

num que s'il s'était mis dans l'impossibilité de céder ses actions par son fait et non pas seulement par sa négligence ; la négligence du créancier ne doit pas lui être imputée. Toullier (1), sur l'art. 2037, adopte cette seconde opinion de Pothier; cet art. lui paraît avoir été copié dans Pothier et avoir fait par ces mots : *par le fait du créancier*, la distinction entre le fait et la négligence. Et de là quelques personnes, raisonnant par analogie de 2037, soutiennent qu'il faut, dans la question qui nous occupe, distinguer entre le fait et la négligence, et décident, quand il s'agit du fait, que le cessionnaire a perdu son recours, mais qu'il ne l'a pas perdu quand il ne s'agit que de sa négligence.

Cette opinion semble contestable, et nous suivrons la doctrine de Pothier en son Traité de la vente, c'est-à-dire que nous assimilerons la négligence au fait. Pothier argumente du caractère de mandataire qu'a le cessionnaire. « Par la nature » même du mandat, nous dit-il, il est obligé aux » poursuites, et s'il est obligé à discuter les biens » du débiteur avant que de pouvoir recourir contre » le cédant, par la même raison il est obligé à n'être » pas négligent, ce qui est bien plus facile que de » discuter les biens. » Nous adoptons entièrement cette raison, et nous pensons *a fortiori* qu'il doit

(1) V. tom. VII, n° 172.

en être de même dans notre droit actuel où le cessionnaire, par sa qualité même de mandataire, est un véritable *dominus*. Et puis, nous dirons avec Loyseau que le cessionnaire étant propriétaire, c'est à lui, qui a le profit de la créance, à la soigner, et non au cédant, qui désormais n'en retire aucun avantage. Quant à l'art. 2037, ses termes ne nous paraissent pas avoir assez de portée pour que nous nous écartions du droit commun, dans lequel on ne distingue pas la faute *in ommittendo* et la faute *in committendo* (1). D'ailleurs, cet art. 2037 doit être interprété par ce que disait M. Chabot au Tribunat : « Quand le créancier *s'est* » *mis hors d'état* de faire à la caution subrogation » de ses droits et hypothèques, la caution est dé- » chargée. » Il ne distinguait donc pas entre le fait et la négligence. Enfin, en prenant l'art. 2037, même dans le sens de Toullier, il ne s'ensuivrait pas nécessairement qu'il dût s'appliquer à notre question; car ici les positions ne sont pas exactement les mêmes : entre le cédant et le cessionnaire, il y a un mandat, un lien qui n'existe pas nécessairement entre la caution et le créancier, d'où l'on pourrait concevoir que le cédant pourrait reprocher au cessionnaire sa négligence, tandis que la

(1) V. art. 1383. V. M. Bugnet sur Poth., *Oblig.*, p. 296, note 2.

caution ne pourrait pas la reprocher au créancier (1).

Ainsi, dans notre opinion, le cessionnaire qui aurait accordé des délais au débiteur ne pourrait plus, au cas d'insolvabilité de celui-ci, agir en garantie contre le cédant, et cela quand même le cédant aurait promis de fournir et faire valoir.

40. — Si le cédant a promis la garantie après simple commandement, il se déchargera sans aucun doute de tout recours en prouvant que le cessionnaire a, par son fait, éteint la créance ; mais la simple négligence du cessionnaire aura-t-elle le même effet? Nous ne pouvons admettre d'une manière absolue l'opinion qui consiste à dire qu'elle ne peut affranchir le cédant de la garantie, par cette raison que le cessionnaire, en stipulant ainsi son recours après simple commandement, s'est déchargé de toute diligence (2) et n'est tenu d'ailleurs à aucune mesure conservatoire. Cette question nous paraît être une question d'intention, et, dans le doute, il faudrait distinguer si le cédant a ou non livré les titres au cessionnaire, car il est naturel de penser que c'est celui qui a gardé les titres qui doit faire les actes conservatoires.

(1) Ne pourrait on pas, au moyen de cette remarque, montrer que Pothier ne s'est pas contredit, puisqu'il raisonnait dans des espèces qui n'étaient pas identiques.

(2) V. M. Troplong, II, 914, 2°.

41. — *Obligations de l'acheteur*. Nous n'avons rien de spécial à dire sur les obligations de l'acheteur, nous n'avons qu'à rappeler le droit commun. Ainsi l'acheteur est tenu de payer le prix au lieu et à l'époque déterminés par le contrat et à défaut de stipulation, au moment de la délivrance des titres. (V. art. 1247 2°.)

Le prix doit consister en une somme d'argent qui représente l'équivalent de ce que reçoit l'acheteur. Il peut consister en une rente viagère ou constituée, aussi bien qu'en une somme principale une fois payée (1). Il doit enfin être sérieux.

Si l'acheteur ne paie pas son prix selon la convention, le vendeur peut, par application du principe général de 1184, reproduit dans 1654 demander la résolution du contrat. Outre l'action en résolution le vendeur peut exercer le privilége de 2102. 4° Ce point ne souffre pas de difficulté, il n'y a qu'à rapprocher cet art. des art. 533 et 535. Le mot meubles comprend donc les meubles corporels et les meubles incorporels. La jurisprudence est d'ailleurs fixée dans ce sens.

(1) V. Pothier, *Retrait*, n° 79. Secus Merlin, *Rente viagère*, no 28.

SECTION II.

Effets de la cession vis-à-vis des tiers.

§ I. *Transmission de la propriété.*

42. — Nous avons déjà établi la théorie générale de notre droit sur ce point (1), nous avons vu que la simple cession parfaite entre les parties par le seul consentement, ne pouvait avoir d'effet vis-à-vis des tiers qu'à la condition d'être signifiée au débiteur cédé, ou acceptée par acte authentique. Nous avons déterminé quel était le rôle nouveau que jouait la signification dans notre matière, elle ne remplace pas la tradition comme dans l'ancien droit, elle n'est nécessaire que vis-à-vis des tiers, c'est une mesure de publicité analogue à celle qui résulte de la transcription. Et à ce sujet se présente une objection. En effet, on ne comprend pas facilement que la signification qui avertit le débiteur de la cession et qui est inconnue des tiers soit un mode de publicité. C'est à l'art. 108 de la coutume de Paris que ce système a été emprunté ; mais la signification ayant changé de sens dans notre droit, nous pensons que cette reproduction de l'ancien

(1) V. hic, introduction.

droit n'a pas été heureuse, au moins au point de vue doctrinal.

43. — A cette objection on répond que les tiers prudents iront se renseigner auprès du débiteur qui les avertira lui-même de la cession, et que dès lors la signification devient une mesure de publicité. Sans nous arrêter au mérite théorique de cette réponse, nous ferons remarquer que la jurisprudence a implicitement admis ce système en jugeant que la signification doit être faite à personne ou à domicile par analogie de l'art. 560 c. proc. et non pas au domicile du procureur impérial d'après l'art. 69 ; 1° c. proc. (1) Et nous pensons que c'est aussi la meilleure manière de voir puisqu'au moins dans ce système nous faisons servir à quelque chose la signification qu'il faudrait dans l'autre opinion rayer du code. La signification peut être faite, soit à la requête du cédant, soit à la requête du cessionnaire. Comme toute signification elle est faite par un acte d'huissier (2). Elle doit être faite à la personne du débiteur ou à son domicile réel, et non à celui qu'il aurait choisi pour l'exécution de la convention génératrice du droit, car la cession n'est pas un acte d'exécu-

(1) V. arr. Paris, 28 fév. 1825.

(2) V. Arr. Bruxelles, 23 mars 1811. Faite par un notaire, elle est nulle.

tion. (1) Il n'est plus nécessaire qu'elle contienne copie du transport, comme cela avait lieu dans l'ancien droit, la connaissance des clauses de la cession n'est en effet d'aucune importance. Si la signification du transport est nulle, la cession elle-même ne peut produire aucun effet vis-à-vis des tiers. (2) La signification de la cession indique le jour où elle a lieu, et par conséquent s'il y a concours, entre plusieurs cessionnaires elle établit quel est celui qui doit avoir la priorité. Si les significations sont du même jour, les cessionnaires viendront en concours. Nous pensons en effet que l'on peut appliquer ici par analogie l'art. 2147.

44. — Outre la signification, il y a, nous le savons, un autre moyen de saisir le cessionnaire, vis à vis des tiers; c'est l'acceptation faite par le débiteur dans un acte authentique. Cette acceptation peut avoir lieu, soit dans l'acte même de cession, soit dans un acte postérieur; mais dans tous les cas, elle doit être authentique, et l'on comprend le motif de la loi, elle a craint les fraudes auxquelles pourraient donner lieu les cessions de créances, si l'acceptation avait été faite par acte sous seing privé, on aurait fait paraître ou disparaître cet acte suivant les circonstances. Remarquons, cependant que l'acceptation sous seing privé

(1) V. A. Bruxelles, 30 nov. 1809.
(2) V. A. Cass. 3 prairial an IX.

ou même verbale serait parfaitement valable contre le débiteur cédé, par cette raison que par cet acte, le cédé s'est obligé personnellement envers le cessionnaire.

45. — Faisons remarquer ici qu'il y a une différence entre: être cessionnaire, en vertu d'une signification, et être cessionnaire en vertu d'une acceptation authentique. La seconde de ces positions est préférable, et cela parce que l'acceptation authentique enlève au cédé le droit de faire valoir contre le cessionnaire les causes de compensation, qu'il eût pu opposer au cédant (v. art. 1295).

46. — Sauf la signification ou l'acceptation, aucun acte ne peut saisir le cessionnaire à l'égard des tiers. Puisque le cédé a exigé tels moyens déterminés pour faire connaître la cession, ce serait refaire la loi que de déclarer suffisante toute connaissance de la cession acquise indirectement et par d'autres moyens (1). Ainsi la connaissance de la cession acquise par le débiteur cédé de quelque autre manière que ce soit, ne pourrait être invoquée contre lui. (Sauf cependant l'application de l'art. 1167). En présence du système de publicité, organisé par l'art. 1690, nous croyons donc qu'il

(1) V. cependant arr. de cass. 25 juil. 1832. La question était controversée dans l'ancien droit. V. Ferrières et Brodeau, art. 108, § 1, no 6, V. Chopin sur Paris, *Traité des actions personnelles*, no 18.

n'est pas permis de rechercher si les tiers ont eu ou non connaissance de la cession par d'autres moyens que les moyens légaux.

47. — Il nous reste à déterminer quelles sont les personnes qui doivent être comprises dans cette expression : *les tiers* de l'art. 1690? On peut dire que toutes les personnes, autres que les parties contractantes ou leurs successeurs à titre universel (art. 1122), qui ont intérêt à connaître ou à contester la cession sont *des tiers*, dans le sens de l'art. 1698. Ainsi il y a d'abord le débiteur cédé, la loi lui donne elle-même cette qualification (art. 1689), et l'autorise en conséquence à se prévaloir du défaut de signification (art. 1691).

Tous ceux qui auraient traité avec le cédant sur les droits compris dans la cession, un second cessionnaire, un créancier auquel la créance cédée aurait été donnée en gage par le cédant sont des tiers.

Sont tiers enfin tous ceux qui auront acquis avant la saisine du cessionnaire, c'est-à-dire avant la signification ou l'acceptation de la cession un droit indépendant sur la créance cédée. Ainsi ce serait tous les créanciers du cédant qui auraient formé saisie-arrêt avant la signification ou l'acceptation.

Comme on le voit, nous n'avons pas essayé de donner une définition *a priori* du mot *tiers*. Nous nous sommes contenté d'exprimer l'idée générale que l'on attache à ce mot, et nous avons ensuite procédé par énumération. Nous ne pouvons cependant pas quitter ce point sans parler des difficultés de la théorie sur la question de savoir comment il faut entendre le mot tiers, et comment il faut appliquer les art. 1322 et 1328. L'exposé de la doctrine sur cette question, une des plus importantes de notre droit, éclairera ce que nous avons dit précédemment.

Il semble d'abord que la qualification de tiers convienne et s'applique à toute personne autre que les parties contractantes. Cependant il est évident que les représentants à titre universel de l'une et de l'autre partie ne sont pas des tiers, et que la cession, parfaite sans signification entre le cédant et le cessionnaire, est également parfaite entre leurs héritiers ou successeurs universels. Et cette solution doit être admise dans tous les cas, sans que les héritiers d'une personne devenue incapable puissent exiger que le titre qu'on leur présente ait date certaine antérieure à l'incapacité de leur auteur (1).

Mais les successeurs à titre particulier du cédant doivent-ils être considérés comme les ayant cause du cédant ou bien comme des tiers ?

Sur ce point une grave controverse s'est élevée. Toullier a soutenu, en se fondant sur le texte de

(1) V. M. Bonnier. *Preuves*, n° 568.

l'art. 1322, que les successeurs à titre particulier sont des ayants-cause, et que par conséquent les actes faits par le cédant ont à leur égard date certaine. Suivant le même auteur, les tiers seraient seulement les créanciers saisissants lesquels tenant leurs droits, non du débiteur, mais de la loi, ne sont pas des ayants-cause et ne sauraient dès lors être écartés par un cessionnaire qui ne représenterait pas un acte ayant date certaine antérieure à la saisie (1).

Ce système a été réfuté, on a montré qu'il entraînait à sa suite de facheuses conséquences, et qu'il était en contradiction avec l'art. 1328, destiné à protéger les tiers. On a ensuite fait remarquer que Toullier se contredisait en faisant cette distinction entre les ayants cause et les créanciers. Car il est évident que les créanciers saisissants tout aussi bien que les acheteurs ou cessionnaires sont des ayants-cause. « Le droit qu'ils exercent, dit « M. Bonnier, n'est qu'un reflet de celui de leur « débiteur, et la distinction imaginée par Toullier « est tout à fait arbitraire. »

Les auteurs qui réfutent Toullier concluent que l'art. 1322 doit nécessairement se restreindre aux ayants cause à titre universel. C'est aller trop loin, car l'art. 1322 s'exprime exactement comme l'art. 1319, qui, en parlant des actes authentiques

(1) V. Pothier, *Oblig.*, n° 715.

mentionne les héritiers et ayants-cause, et cependant personne ne peut nier que, dans le cas de l'art. 1319, la convention ne lie même les successeurs à titre particulier. Nous arrivons donc à cette conclusion que le cessionnaire, l'acheteur, comme les créanciers saisissants est l'ayant cause du cédant.

De là faut-il directement déduire cette conséquence que du moment qu'ils sont des ayants-cause ils sont tenus de respecter les actes n'ayant point date certaine ?

Cette conséquence n'est pas forcée. On a le tort de séparer les art. 1322 et 1328, et c'est ce qui a causé les erreurs. En effet pour invoquer l'art. 1322 contre Titius, il faut que Titius soit l'ayant-cause de la partie ; or, est-il ayant-cause ? c'est là une question de date, l'art. 1322 ne s'en occupe pas, il suppose constante cette qualité d'ayant-cause. C'est l'art. 1328 qui nous apprend comment on devient ayant-cause. Or, Titius n'est ayant-cause que vis-à-vis de ceux qui ont traité avant lui. Ce sont là les idées que résume d'une manière très précise M. Bonnier en disant : « Le successeur particulier « n'est pas l'ayant-cause de son auteur pour toute « la vie de cet auteur, comme le serait un suc-« cesseur universel ; il ne l'est que *pour les actes*

« *antérieurs* à la date de celui sur lequel repose « son droit. » (1)

Ainsi donc, la cession parfaite entre les parties, par le seul consentement, ne peut être opposée aux tiers qu'après la signification ou l'acceptation authentique.

48. — Pour connaître toute la portée de cette règle, il nous faut rechercher quelles seraient les conséquences du défaut de signification ou d'acceptation, ce qui fait que nous étudierons les rapports du cédant et des tiers avant la signification ou acceptation. La conséquence naturelle, c'est que tant que l'une et l'autre de ces formalités n'a pas été accomplie, le cessionnaire n'est pas investi de la créance, il n'en a pas la saisine et possession.

De là il résulte :

1° Que le cédant reste seul créancier et que le débiteur ne peut pas opposer la cession pour se soustraire aux poursuites du cédant ; le cédant peut poursuivre aussi les personnes engagées à la dette telles que les cautions; il peut *a fortiori* faire les actes conservatoires ; il peut enfin agir contre les tiers détenteurs d'immeubles hypothéqués pour sûreté de la créance, sans que ceux-ci puissent se prévaloir de la cession contre lui.

2° Le cédant peut recevoir valablement le paie-

(1) M. Valette (à son cours 1854) fait l'application de cette doctrine dans les art. 1410 et 1743, C. C.

ment, libérer le débiteur par une remise de la dette ou autrement, et dans ce cas, le cessionnaire n'a d'action que contre son cédant. Il en serait de même si le cédant devenait héritier du débiteur cédé ou réciproquement.

3° La créance reste toujours le gage commun des créanciers du cédant; ils peuvent donc saisir-arrêter la créance cédée.

4° La compensation peut avoir lieu entre le débiteur et le cédant (art. 1289 et seq.), mais elle ne peut pas être opposé par le cessionnaire contre le cédé, puisque le cessionnaire ne pourrait pas forcer le cédé à le payer, et que la compensation, à vrai dire, est un paiement fictif.

5° Si la faillite du cédant intervient avant la signification, ou dans les dix jours qui la suivent, la cession sera nulle (*V.* art. 446 C. Co.), encore bien que la cession soit de beaucoup antérieure, car les créanciers du cédant, qui sont individuellement considérés comme des tiers par tout le monde ne peuvent pas perdre cette qualité par cela seul qu'ils forment une masse (1).

Mais après la signification ou l'acceptation authentique de la cession, l'aliénation de la créance est consommée, le créancier est complétement étranger à la créance (sauf, toutefois, son privilége de vendeur, si le prix n'a pas été payé).

(1) V. arr. de Paris, 13 déc. 1814. Sirey, 15. 2. 98.

49. — Il y a cependant des créances dont la cession échappe à la règle générale de 1690; il convient de les indiquer sommairement.

Ainsi, les lettres de change et les billets à ordre se transmettent par simple endossement. L'endossement résulte de la clause à ordre et ne vaut, comme transport, que lorsqu'il est régulier; alors il opère translation de la propriété de la créance sans aucune signification au tiré, ni sans acceptation de ce dernier.

Le transport par endossement peut encore avoir lieu :

1° Pour les billets à domicile, c'est-à-dire les billets contenant la clause à ordre, mais souscrits dans un lieu et payables dans un autre.

2° Il s'applique aux actions et obligations émises par une société, quand les statuts autorisent ce mode de transmission.

3° Aux lettres de gage émises par les sociétés constituées dans le but de prêter sur hypothèque (1).

50. — D'autres créances, qu'on appelle *nominatives*, se transmettent au moyen d'un *transfert*, c'est-à-dire que leur aliénation a lieu en inscrivant, au nom du cessionnaire, la créance qui est au nom du cédant, soit sur les registres de l'État, soit sur les

(1) V. loi du 28 fév. 1852.

registres de la compagnie débitrice, pour les actions de la Banque de France par exemple (1).

51. — Enfin, il y a des créances qui se transmettent par la simple tradition. Ce sont les *billets au porteur*. La simple possession en fait présumer la propriété. Ils se transmettent comme une pièce de monnaie, par la simple délivrance, de la main à la main (2).

52. — On a voulu voir une exception à la règle de notre art. 1690 dans la transmission des créances par l'effet d'un partage. Et voici comment on a raisonné. On a dit : L'art. 883 décide que le cohéritier au lot duquel tombe la créance cédée est censé en avoir toujours été propriétaire ; donc il n'y a pas cession, mais bien seulement succession ; donc la règle de l'art. 1690 est inapplicable. Nous ne pensons pas qu'il faille admettre ce système. Car, en réalité (art. 1220), la créance a été divisée entre les héritiers, et quand on applique l'art. 883, on défait le partage fait par la loi ; il y a donc là autant de cessions partielles qu'il y a de cohéritiers moins un, par conséquent nous devons appliquer l'art. 1690. Sans cela, si nous adoptions l'idée de succession, nous serions obligé de dire

(1) V. C. Co., art. 35, 36, 136, 187. Loi du 28 floréal an VII, 26 thermid. an III. Décret du 16 janvier 1808.

(2) V. loi du 25 thermid. an III. V. art. 25, C. Co. V. ord. du 29 avril 1831.

qu'aucun des cohéritiers n'a le droit d'exiger le paiement de sa part dans la créance tant que le partage n'est pas consommé, que le débiteur ne peut pas opposer les causes de compensation nées du chef de l'un des cohéritiers, qu'enfin les créanciers de l'un des héritiers ne peuvent pas former saisie-arrêt du chef de cet héritier (1) ; toutes conséquences inadmissibles en présence de l'art. 1220.

§ II. *Autres effets de la cession.*

53. — Nous avons vu quels étaient les effets de la cession vis-à-vis des tiers quant à la transmission de la propriété de la créance. En parlant des conséquences du défaut de signification ou d'acceptation, nous avons étudié les effets de la cession entre le cédant et les tiers, nous avons déterminé ce qu'il fallait entendre par les *tiers;* il nous reste à étudier les effets de la cession, 1° à l'égard du débiteur cédé ; 2° à l'égard des créanciers du cédant ; 3° à l'égard des tiers autres que le débiteur et les créanciers.

54. — 1° *Effets de la cession à l'égard du débiteur cédé.*

Faisons tout d'abord une remarque importante: la cession change la personne du créancier, mais

(1) V. arr. cass., 24 janv. 1837.

elle n'apporte aucune modification à la créance cédée en elle-même ; l'exercice du droit cédé seul peut être modifié. En effet, pour savoir si la prescription peut courir, si la contrainte par corps peut être exercée, si la remise de la dette peut avoir lieu à titre gratuit, il faut considérer la personne du cessionnaire et non celle du cédant (1).

Sauf ce changement dans l'exercice du droit et non dans le droit lui-même, il est vrai de dire que le cessionnaire prend la place du cédant à partir de la signification ou de l'acceptation.

55. — Ainsi, une fois la signification faite, le débiteur ne peut plus payer entre les mains du cédant, mais il ne perd pas pour cela le droit de faire valoir contre le cessionnaire les moyens de défense qu'il aurait pu faire valoir contre le cédant. Si quelque cause de compensation était née entre le débiteur et le cédant antérieurement à la signification, le débiteur pourrait s'en prévaloir contre le cessionnaire. Mais si le débiteur avait payé entre les mains du cédant avant la signification ou l'acceptation, le cessionnaire ne pourrait pas s'en plaindre.

(1) En droit romain, il n'en est pas de même, parce que le cessionnaire n'est jamais qu'un représentant du cédant, et nous avons conclu qu'il ne peut pas se servir contre le débiteur des priviléges ou autres droits nés dans sa personne pour rendre pire la position du débiteur. Dans notre droit, au contraire, le cessionnaire devient véritable créancier.

56. — Et ici se place la question de savoir si les quittances constatant ce paiement, allégué par le débiteur, seraient opposables au cessionnaire, quand même elles n'auraient pas date certaine?

Dans l'ancienne jurisprudence (1), l'affirmative semble avoir été admise, mais à la condition que : *cela* (c'est-à-dire l'acte par le cédé d'opposer les quittances au cessionnaire) *se fasse incontinent après la signification. Le débiteur*, dit Ferrière, *doit au temps de la signification du transport déclarer qu'il ne doit rien.*

Que faut-il décider dans notre droit? Le cessionnaire doit-il être regardé comme un ayant-cause du cédant, et faut-il lui appliquer l'art. 1322, et admettre l'affirmative ; faut-il, au contraire, le regarder comme un tiers, et lui appliquer l'art. 1328? Disons tout de suite qu'il est impossible de regarder le cessionnaire comme l'ayant-cause du cédant. Cette doctrine de Toullier est aujourd'hui abandonnée ; en effet, si l'on adoptait l'opinion de Toullier, à qui s'appliquerait l'art. 1328? Car jamais on n'a intérêt à invoquer un acte que contre ceux qui ont succédé au droit de celui avec qui on a traité. Ce sont des tiers, quoiqu'ils soient des ayants-cause de l'une des parties ayant figuré dans l'acte ;

(1) V. Denizart, au mot Transport, nos 13, 14, 15. V. Bourjon, t. II, p. 166, no 1. D. commun. de la France. V. Paris, 108, § 1, no 25. Ferrière.

mais on les appelle précisément *tiers*, parce que, eux-mêmes, n'y ont pas figuré. Ainsi donc, nous ne pouvons pas admettre que, le cessionnaire étant l'*ayant-cause* du cédant, on peut lui opposer les quittances émanées de celui-ci, comme on les opposerait au cédant lui-même (1).

Mais alors il semble qu'il ne reste qu'à appliquer l'art. 1328, et qu'il faut décider que le cessionnaire étant un tiers, les quittances ne lui sont pas opposables. Cette décision est bien rigoureuse et l'on est généralement d'accord pour admettre que cet art. 1328 ne doit point s'appliquer aux quittances ; ceci ne résulte certainement pas de la lettre de l'article, mais il est facile de comprendre que le législateur n'ait pas voulu soumettre à la nécessité de l'enregistrement de simples quittances pour lesquelles il est d'un usage constant et universel de se contenter de la signature du créancier ; et cet usage s'explique ; car on ne doit pas être aussi rigoureux à l'égard de ce débiteur, qui devait s'attendre à n'avoir affaire qu'à une seule personne, son créancier, vis-à-vis duquel il est en règle, et qui se trouve tout à coup en relation avec des tiers (2).

Ainsi nous arrivons à dire, sans nous appuyer

(1) V. arr. Lyon, 26 nov. 1823. Sir. 25, 2, 149. V. Toullier, VIII, n° 249 et 250.

(2) V. M. Bonnier, *Preuves*, n° 570.

sur l'art. 1322, que le cédé a la faculté d'opposer des quittances sans date certaine. Mais les auteurs qui admettent cette opinion se divisent sur la question de savoir dans quelles limites il faut appliquer cette faculté; les uns veulent, comme dans l'ancien droit, que la quittance soit produite incontinent ; les autres pensent que les tribunaux auront à apprécier si le temps écoulé entre la signification et la production des quittances peut faire douter de la sincérité de la date. C'est ce dernier système que nous adopterons, parce que nous ne voyons pas de quel droit on imposerait aux tribunaux la théorie de l'ancien droit, quand on ne s'appuie sur aucun texte. D'ailleurs, nous concédons que la non-production immédiate peut servir de présomption aux juges.

57. — Nous avons dit que le débiteur pouvait opposer au cessionnaire toute compensation survenue entre lui et le cédant, jusqu'à la signification, il faut rappeler ici qu'il n'en serait pas de même si, au lieu d'une signification, il y avait eu acceptation authentique. L'art. 1295, nous dit que cette acceptation pure et simple enlève au débiteur le droit d'opposer au cessionnaire la compensation qu'il pouvait opposer avant cette acceptation. Le débiteur est présumé avoir renoncé à son droit, mais si le débiteur avait juste raison d'ignorer qu'il existait en sa faveur une créance contre son

créancier qui éteignait la dette (et qu'il s'engage néanmoins à la payer), nous pensons qu'il faudrait appliquer l'art. 1299. Par conséquent nous dirons que toutes les fois que le cédé aura un juste motif d'ignorer les causes de compensation nées à son profit et n'aura acceptéla cession, que, dans cette ignorance, il sera restitué contre les conséquences qu'elle aurait contre lui, et pourra opposer la compensation au cessionnaire.

58. — Remarquons que le cessionnaire ne pouvant attaquer le paîement fait au créancier, avant la signification ou l'acceptation, ne peut attaquer par voie de tierce opposition le jugement rendu entre le cédant et le débiteur avant cette époque

59.—2° *Effets de la cession vis-à-vis des créanciers du cédant.* — Nous avons vu que les créanciers du cédant sont des tiers. Donc jusqu'à la signification, la cession n'existe pas vis-à-vis d'eux; il en résulte que la créance cédée est toujours pour eux dans le patrimoine de leur débiteur, qu'elle est leur gage commun, par conséquent ils peuvent (avantla signification de la cession) saisir-arrêter cette créance cédée entre les mains du débiteur.

60. — Des difficultés s'élèvent sur l'effet de cette saisie. Ecartons d'abord le cas où la cession a été faite à titre gratuit. Si les créanciers du cédant ont fait saisie-arrêt, avant la signification, la saisie ne sera valable que pour ce dont la créance excède

les causes de la saisie. Si les créanciers du cédant n'ont pas fait de saisie-arrêt avant la signification, la cession sera valable pour le tout, quand même, après la signification, se produiraient des saisies-arrêts du chef des créanciers du cédant; parce que dès la signification, le cessionnaire est devenu maître de la créance d'une manière absolue, contre le cédant, comme contre les tiers.

61. — Supposons que la cession ait été faite à titre onéreux. Ici se présentent plusieurs hypothèses qu'il faut examiner séparément.

62. I. *Il n'y a pas eu de saisie-arrêt avant la signification.* — Nous supposons le cessionnaire en conflit avec un ou plusieurs créanciers dont la saisie est postérieure à la signification. C'est le cas le plus simple. Cette saisie est non avenue, car le droit n'est plus (au moment où elle est faite) dans le patrimoine du cédant, et dès lors, les créanciers ne peuvent saisir-arrêter une créance qui n'est plus leur gage (1).

63. — II. *Il y a eu saisie-arrêt après la cession, mais avant la signification.* — Ici la saisie-arrêt est parfaitement valable, puisque, jusqu'à la signifi-

(1) Aussi voyons-nous sur l'art. 573, C. proc., que le tiers saisi, dans sa déclaration, doit dénoncer toutes les saisies arrêts qui ont été formées entre ses mains, et que la même règle s'applique pour les transports de la créance saisie, transports qui valent toujours opposition, pour le moins. V. M. Bonnier, no 1391.

cation, la créance est dans le patrimoine du cédant; et la cession ne peut pas être opposée aux saisissants, puisque pour eux (*tiers*) le cédant était encore investi de la créance. Mais résulte-t-il de là que, parce que la signification n'est intervenue que postérieurement aux saisies, elle n'aura aucun effet?

64. — Dans l'ancienne jurisprudence on disait: *Signification vaut saisie-arrêt*, et nous pensons avec la majorité des auteurs qu'il faut encore adopter cette maxime. Il est en effet rationnel de voir dans cette signification, qui contient ordre de payer au cessionnaire, un acte au moins équivalent à la saisie-arrêt, qui contient défense de payer au cédant.

65. — Ceci posé, il faut distinguer :

1° Si la signification est postérieure au jugement prononçant la validité de la saisie, et, par conséquent, saisissement pour le saisissant de la somme arrêtée chez le tiers saisi. Dans ce cas, la signification sera sans effet quant aux sommes saisies, de même que les saisies-arrêts postérieures au jugement déclaratif de validité sont déclarées sans effet sur les sommes saisies.

2° Si la signification est antérieure à ce jugement, elle amènera un concours entre le cessionnaire et les saisissants antérieurs à la signification. de même que la saisie ayant eu lieu avant le jugement déclaratif de validité aurait amené un concours entre le dernier saisissant et les saisissants antérieurs. Ainsi donc, dans cette hypothèse, le cessionnaire viendra en concours au marc le franc avec les créanciers saisissants. Et remarquons qu'il n'y vient pas en invoquant la cession (qui vis-à-vis des créanciers saisissants est considérée comme non avenue), mais comme créancier du cédant en vertu de son obligation de garantie. Car, si les créanciers du cédant pouvaient dire que la cession est non avenue à leur égard, cela est vrai en tant que convention emportant transport du droit, mais rien n'empêche qu'un débiteur augmente le nombre de ses dettes et de ses créanciers; ils ne peuvent donc pas se plaindre du concours du cessionnaire et que leur débiteur ait diminué par là leur gage commun (1).

66. — 3° *Il y a eu saisie-arrêt avant la cession.* Quelques auteurs ont soutenu que, dans ce cas, par l'effet de la saisie-arrêt, le cédant était dessaisi de la créance de telle façon qu'il ne pouvait plus en disposer au préjudice du saisissant. On s'ap-

(1) Cette distinction est généralement admise, le jugement de validité, du moins s'il est en dernier ressort et passé en force de jugée, vaut transport judiciaire de la créance pour les créanciers au profit desquels il intervient. On comprend combien il est utile de couper court le plus tôt possible aux complications que fait naître la survenance de nouveaux intéressés (V. Cependant Carré et Fauveau, t. IV, q. 1971 bis.)

puie sur les art. 1242 et 1298. On dit que le cessionnaire n'a pas à se plaindre, puisqu'il n'a pas dû compter sur un gage déjà placé dans les mains de la justice, et l'on décide que le saisissant exclut le cessionnaire.

Nous ferons remarquer que les art. 1242 et 1298 ne peuvent pas fournir un argument dans notre espèce, parce que, comme nous l'avons déjà dit, ce n'est pas comme invoquant la cession que le cessionnaire se présente, mais bien comme créancier du cédant.

Il invoque cette qualité, comme dans la question précédente ; seulement là son droit avait pris naissance avant la saisie, tandis qu'ici il ne naît que postérieurement. Toute la question revient donc à se demander si celui qui devient créancier d'un débiteur saisi a le droit de concourir sur les sommes saisies arrêtées avec ceux qui ont formé la saisie-arrêt. Nous donnerons la même solution que précédemment, c'est-à-dire qu'il y aura concours entre le cessionnaire et les saisissants et cela par cette raison que le saisissant n'a point de cause de préférence sur la créance saisie-arrêtée.

67. — Dans l'ancien droit, la question ne soulevait pas de difficulté, et cela par la raison bien simple que le principe, comme nous le savons, n'était pas le même. En effet, la saisie portant sur une créance échue, créait au profit du premier sai-

sissant un droit de préférence; portant sur une créance non échue, elle créait un droit de préférence pour tous les saisissants antérieurs à l'échéance, de sorte que tout saisissant postérieur et aux saisies et à l'échéance ne pouvait venir concourir avec les saisissants antérieurs (1).

68. — Or, l'opinion que nous combattons a précisément pour résultat de rétablir l'ancien droit ou du moins un droit de préférence en faveur des créanciers dont la créance n'est pas postérieure à la première saisie; et cela en présence du Code de procédure qui a changé le principe de l'ancien droit, et de l'art. 2093, qui ne parle aucunement de ce droit de préférence.

Les articles 1242 et 1298 nous font bien voir que le débiteur, c'est-à-dire le créancier du tiers saisi, ne peut pas concéder à son cessionnaire un droit qui prime celui qui appartient au créancier qui a opéré la saisie; en effet, le tiers saisi (*débiteur* dans 1242), ne peut pas payer au cessionnaire (ayant-cause du créancier) au préjudice du saisissant; mais résulte-t-il de là que la saisie a eu pour effet de mettre la créance saisie dans le gage exclusif des créanciers existant à l'époque de la saisie, à l'exclusion de tous autres postérieurs, et le

(1) V. Pothier, Proc. civ., part. IV, ch. II, sect. III, § 6. — V. Bourjon, liv. VI et VII, ch. 1.

cessionnaire n'est qu'un créancier postérieur? Est-ce que le débiteur saisi a perdu le droit d'affecter indirectement la chose saisie de nouvelles obligations? Les art. 1242 et 1298 nous indiquent-ils, de quelque manière que ce soit, ce droit de préférence que l'on veut rétablir? Est ce qu'ils disent que tout créancier dont le titre n'a pas date antérieure à la première saisie ne peut plus concourir avec les créanciers premiers saisissants? En aucune façon. Il ne faut donc pas en argumenter.

Ce qui prouve bien d'ailleurs que le système que nous combattons est inadmissible, c'est qu'en raisonnant logiquement, voici à quelle conséquence nous arriverions, c'est que le cessionnaire ne pourrait jamais, soit que la cession soit antérieure ou postérieure aux saisies, invoquer son titre de créancier du cédant, car de deux choses l'une : ou la signification précède les saisies, et alors le cessionnaire a un droit exclusif, les saisies n'atteignent pas la créance qu'il a acquise, ou la signification est postérieure aux saisies, et alors qu'importe que la cession ait date certaine antérieure aux saisies (car ce n'est que la signification qui peut donner quelque valeur à la cession vis-à-vis des tiers) puisque cette signification a eu lieu à une époque où dans le système que nous combattons, aucun droit ne pouvait être créé utilement contre les saisissants.

69. — Enfin nous ferons remarquer que le code de procédure nous fournit la preuve que le débiteur saisi n'a pas perdu le droit de consentir des obligations affectant indirectement la chose saisie. En effet l'art. 684 permet aux créanciers et à l'adjudicataire (en matière de saisie immobilière) de faire annuler le bail consenti par le saisi et qui n'aurait pas date certaine antérieure au commandement. Si cet article ne l'avait pas défendu, le débiteur aurait donc pu le faire. Il ne faut donc pas dire que le débiteur est complétement incapable et dans la position d'un failli après la déclaration de faillite, s'il en est ainsi en matière de saisie immobilière nous pensons qu'il doit en être de même en matière de saisie-arrêt.

Ainsi donc nous décidons que le cessionnaire dans notre espèce pourra concourir avec les saisissants en vertu de la signification, (car nous avons admis que la signification vaut saisie) pourvu, bien entendu, qu'il ait droit à une garantie quelconque, qu'il soit créancier du cédant. Si la signification n'intervenait qu'après le jugement de validité de saisie, nous déciderions autrement suivant la distinction que nous avons adoptée sur la question précédente (1).

70. — IV° *Il y a eu des saisies arrêts faites avant*

(1) V. note, p.

et après la signification. On a présenté beaucoup de systèmes pour régler la répartition à faire entre le cessionnaire et les saisissants antérieurs et postérieurs à la signification. Nous ramènerons tous ces systèmes à trois types principaux, et pour raisonner plus facilement nous posons l'hypothèse avec les chiffres que l'on prend ordinairement. Ainsi nous supposons 1° que Pierre à qui Paul doit 3,000 fr., cède cette créance à Secundus pour 3,000 fr. ; 2° que Primus créancier de Pierre fait saisie-arrêt entre les mains de Paul pour 1,500 fr.; 3° que Secundus notifie son transport ; 4° que Tertius autre créancier de Pierre fait une seconde saisie entre les mains de Paul pour 1,500 fr. Il s'agit de savoir comment il faut distribuer les 3,000 fr. entre Primus Secundus et Tertius.

71. — Deux systèmes absolus se présentent tout d'abord. Le premier part de cette idée que la première saisie frappe la créance tout entière d'indisponibilité. Par conséquent cette première saisie a conservé le gage de tous les créanciers postérieurs, donc ils viendront tous au marc le franc. Dans l'espèce Primus aura 750 fr. Secundus 1,500 fr. et Tertius 750 fr.

Nous ne pouvons admettre ce système : 1° parce que nous avons rejeté cette idée que la saisie frappe la créance tout entière (même au-delà des causes de la saisie) d'indisponibilité ; 2° parce qu'il est contraire à cette autre idée que nous avons admise, c'est qu'une saisie postérieure à la signification ne peut nuire en rien au cessionnaire.

72. — Le second système absolu part de cette idée, que la signification de la cession a pour effet de faire sortir la créance cédée du patrimoine du cédant à l'égard de tout le monde, excepté à l'égard du premier saisissant. D'où il résulte qu'on n'accorde rien au deuxième saisissant, dont la saisie est complétement nulle, puisqu'il l'a faite à un moment où la créance n'existait plus dans les biens du débiteur. Mais comme la signification vaut comme opposition, vis-à-vis de *Primus*, *Primus* et *Secundus* concourent, *Primus* prend 1,000 fr. et *Secundus* 2,000 fr.

On reproche à ce système de créer un droit de préférence en faveur de *Primus*; aussi d'autres auteurs, partant du même principe que la cession est opposable à *Tertius* pour la totalité de la créance, accordent à *Secundus*, le cessionnaire tout ce que *Primus* ne prend pas. Or, *Primus*, vis-à-vis duquel la saisie arrêt de *Tertius* est valable, se trouve en face de deux opposants et, par conséquent, ne peut prendre que 750 fr. *Secundus* aura donc 2,250 fr. *Tertius* n'aura rien.

73. — A côté de ces deux systèmes absolus, il y a un système mixte qui est fondé sur ces deux idées : 1° par la saisie-arrêt, le saisissant ne met

sous la main de justice que les causes de la saisie, ce qui exclut le premier système ; 2° les causes de la saisie sont mises dans la main de justice dans l'intérêt de tous les créanciers du saisi, de sorte qu'ils ont tous droit à la créance saisie (art. 2093), ce qui exclut le deuxième système, puisqu'ici l'on attribue un effet relatif à la signification du transport.

Il s'agit, en suivant ces deux idées, de régler les droits des intéressés. Ici se présentent plusieurs systèmes pour appliquer ce système mixte, parce qu'il y a divergence pour régler le recours du premier saisissant, soit contre le cessionnaire soit contre le deuxième saisissant.

Ainsi, la jurisprudence (dans quatre arrêts rendus de 1832 à 1839) décide, en vertu de ces principes, qu'il y a un premier partage à faire entre *Primus* et *Secundus*. *Primus* prend 1,000 fr. et *Secundus* 2,000 fr. Mais comme elle admet que les causes de la saisie sont mises sous la main de justice dans l'intérêt de tous les créanciers, elle appelle *Tertius* en concours avec *Primus*, ils auront 500 fr. chacun. Mais, ajoutent les arrêts, la signification faite par le cessionnaire ne peut pas nuire au premier saisissant ; donc *Primus* exercera contre *Secundus* un recours pour ce que lui enlève *Tertius*, de sorte que *Primus* aura 1,000 fr., *Secundus* 1,500 et *Tertius* 500 (1).

On objecte contre ce système que *Primus* se trouve avoir plus qu'il n'aurait si on comptait le cessionnaire comme un opposant, et, en partant de cette idée, M. Zachariæ (2), au lieu d'accorder à *Primus* un recours pour 500 fr., ne lui en accorde un que pour 250 fr., ce qui fait que *Primus* a 750 fr., *Secundus* 1750 fr. et *Tertius* 500 fr. Ce système est contraire à cette idée, qu'une saisie postérieure à la signification ne peut nuire au cessionnaire.

Aussi, un autre auteur (3) donne 1,000 fr. à *Primus*, 2,000 fr. à *Secundus*. Cela fait, *Tertius* revient contre *Primus* et lui dit : vis-à-vis de vous ma saisie-arrêt est valable, nous sommes trois saisissants, par conséquent vous ne devez avoir que 750 fr., vous avez 1,000 fr., rendez-moi 250 fr.

74. — Tel est l'état de la question. En présence de tous ces systèmes, quelle est l'opinion que nous adopterons? Au lieu de critiquer chacun de ces différents systèmes, il nous paraît plus logique de discuter le principe même des trois systèmes types, que nous avons distingués. Ainsi nous avons déjà rejeté

(1) Marcadé, Revue critique 1851, et art. 1690, t. VI, donne aussi 1,500 fr. au cessionnaire ; mais il donne 750 fr. à chacun des deux saisissants.

(2) V. t. II, p. 536 et 537.

(3) V. Mourlon, Revue de D. F. et E., 1848.

le 1er système et nous en avons donné la raison. Restent les deux derniers systèmes entre lesquels nous devons choisir. En bien considérant le principe même de chaque système, nous arrivons à cette idée que toute la divergence porte sur ce point : quel est l'effet de la signification du transport? Quand il y a eu signification du transport, y a-t-il clôture définitive pour toutes saisies postérieures qui dès lors sont nulles et absolument nulles tant vis-à-vis du cessionnaire que des saisissants antérieurs, ou bien au contraire ne sont-elles nulles que vis-à-vis du cessionnaire. En d'autres termes la signification du transport a-t-elle un effet absolu ou simplement un effet relatif en ce sens que s'il est vrai que les saisies postérieures ne peuvent pas nuire au cessionnaire, il n'en est pas moins vrai que vis-à-vis du premier saisissant ces saisies postérieures doivent avoir un effet?

C'est entre ces deux idées qu'il faut opter. Et il nous semble qu'il vaut mieux suivre le premier système, par cette raison (que nous ne trouvons pas dans les auteurs) c'est que la signification de la cession qui opère le transport vis-à-vis des tiers équivaut pour le moins au jugement de validité de saisie qui vaut transport judiciaire, comme nous l'avons dit, or, nous savons que la jurisprudence décide qu'après le jugement de validité de saisie, les saisies-arrêts qui surviennent sont nulles d'une manière absolue. Pourquoi ne déciderait-on pas de la même manière pour les saisies arrêts postérieures à la signification de la cession ? L'opinion de la jurisprudence est fondée sur cette pensée qu'il faut couper court le plus tôt possible aux complications que fait naître la survenance de nouveaux intermis, et il nous semble que ce motif reçoit ici parfaitement son application.

Ainsi nous rejetons le troisième système et tous ceux qui en découlent, nous n'avons donc pas besoin de les discuter, mais nous avons vu que dans la seconde opinion, il y a deux manières de faire la répartition. Les uns donnent 1,000 fr. à Primus, 2,000 fr. à Secundus ; les autres 750 à Primus et 2,250 à Secundus. — C'est la seconde de ces méthodes que nous adoptons comme respectant tous les principes que nous avons posés et voici comment nous raisonnons : La cession postérieure à la saisie-arrêt affecte incontestablement tout ce qui excède les causes de la saisie, c'est-à-dire 1,500 fr. En cas d'insuffisance, le transport vaut au moins opposition vis-à-vis de Primus, de là le concours de Secundus avec le premier saisissant pour tout ce qui lui reste dû (à lui Secundus), c'est-à-dire 1,500 fr., ils prennent donc chacun 750 fr., et comme Secundus a déjà 1,500 fr. il aura en tout 2,250 fr. Quant à Tertius, nous avons démontré que sa saisie-arrêt a été entièrement nulle, et par conséquent il n'a aucun droit. — L'autre système, qui donne 1,000 fr. à Primus et 2,000 fr. à Secundus, ne nous paraît pas logique, car sans lui faire le reproche de créer un devoir de préférence en faveur du premier saisissant (puisque pour nous en réalité il n'y a pas de deuxième saisissant), nous pensons qu'il sacrifie les droits du cessionnaire. Car il est certain que la cession est valable pour 1,500 fr. pour ce qui excède les causes de la saisie, et dans ce système comme dans le nôtre le cessionnaire prend d'abord 1,500 fr. à ce titre. On lui accorde en outre 500 fr. (ce qui fait 2,000) à cause du concours avec Primus ; mais le cessionnaire n'est pas désintéressé complétement, on lui doit encore 1,000 fr. Il viendra donc au marc-le-franc avec Primus, or Primus a droit à 1,500 fr., Secundus à 1,000. Il reste 1,000 fr., Primus prendra donc 750 fr. et Secundus 250, puisque leur créance sont de leur rapport de 2 à 3. Ainsi donc ce système, s'il était logique, devrait aboutir au même résultat que celui que nous donnons, et que nous croyons par conséquent convenable d'adopter. On objecte il est vrai que la signification ne peut valoir à la fois comme saisie-arrêt et comme moyen de valider la cession, et que Secundus ne peut pas cumuler les deux qualités d'opposant et de cessionnaire ; mais nous ne voyons pas pourquoi il n'en serait pas autrement, car Secundus est évidemment créancier du débiteur saisi pour ce qui lui reste dû, il peut donc faire une saisie arrêt; mais la signification de sa cession ne vaut-elle pas saisie arrêt? à quoi bon deux actes quand un seul suffit?

75. — Les principes qui nous ont guidé dans cette question difficile vont nous servir tout naturellement à résoudre la question de savoir comment il faut régler le concours du cessionnaire avec le second saisissant, lorsque le premier saisissant a donné mainlevée de sa saisie postérieurement à celle formée par Tertius. Dans notre système, cette question ne présente pas de difficulté. En effet, ayant assimilé l'effet de la signification du transport à l'effet du jugement de solvabilité de saisie, nous décidons que la saisie de Tertius a été complétement nulle, et comme il n'y a plus de concours entre Primus et Secundus, Secundus se trouve avoir la totalité, c'est-à-dire 3,000 fr. — Ce qui nous étonne, c'est que les partisans du troisième système, qui admettent que la première saisie a conservé un droit à Tertius, décident cette question comme nous. Cette remarque ne nous semble pas favorable à leur système.

76. — Il nous reste une dernière hypothèse à examiner. Supposons que la cession n'a été que partielle et qu'il y ait insuffisance de deniers. Plusieurs cas peuvent se présenter : 1° Si la signification est antérieure aux saisies, les saisies ne porte-

ront que sur la partie non cédée; 2° Si la signification est postérieure aux saisies, le cessionnaire viendra en concurrence avec les saisissants comme créancier du cédant; 3° S'il y a des saisies antérieures et d'autres postérieures à la signification, que faut-il décider? Ici nous ne pouvons pas dire que la créance n'est plus dans les biens du cédant, comme dans le cas de cession totale, elle y est encore pour partie. Ainsi, supposons que Secundus n'est cessionnaire que de 1,500 fr., en laissant le reste de l'hypothèse tel que nous l'avons posé. Dans ce cas, nous ferons deux masses de 1,500 fr. chacune, car malgré la signification, la créance de 3,000 fr. était encore pour 1,500 fr. dans les biens du cédant. La saisie de Tertius est valable pour 1,500 fr., mais elle n'a pour gage que 1,500 fr., tandis que la signification de Secundus vaut saisie pour le tout, et celle de Primus aussi, de telle sorte que, sur la première masse de 1,500 francs, nous admettrons en concours pour un tiers les trois intéressés, ils prendront 500 fr. chacun, sur la seconde masse de 1,500 fr. Secundus et Primus concourront seuls, ils prendront chacun la moitié c'est-à-dire 750 fr., de telle sorte que Primus aura 1,250 fr. ainsi que Secundus, et Tertius aura 500 fr.

77. — 3° *Effets de la cession à l'égard de tiers autres que le débiteur et le créancier.*

Nous avons toujours à appliquer le même principe : c'est que, vis-à-vis des tiers, le cessionnaire n'est saisi que par la signification ou l'acceptation authentique. De là il résulte :

1° De deux cessionnaires successifs, celui-là sera investi du droit de créance qui aura le premier signifié ou fait accepter.

2° Si le cédant hérite du débiteur avant la signification ou acceptation, il y a confusion, extinction de la créance, qui, par conséquent, à l'égard des cautions et des autres engagés à la dette, ne peut pas faire l'objet d'une cession. Ces tiers sont donc libérés.

3° Si la créance cédée a été donnée en gage par le cédant, le créancier gagiste ne pourra se prévaloir de son gage que si la signification ordonnée par l'art. 2075 a été faite antérieurement à la signification du cessionnaire, sauf le recours de celui-ci contre le cédant.

4° Le cessionnaire qui n'est pas saisi vis-à-vis des tiers conformément à l'art. 1690, ne peut pas poursuivre les cautions et les tiers détenteurs en paiement ou en délaissement.

5° Enfin, jusqu'à la signification ou acceptation, les tiers détenteurs peuvent valablement obtenir radiation des inscriptions du créancier cédant ; ils peuvent, en outre, faire au domicile élu dans les inscriptions toutes notifications ordonnées pour la purge.

CHAPITRE IV.

Cession des créances litigieuses.

78. — Ce chapitre se rapporte aux chapitres précédents, en ce sens que les règles développées antérieurement sont, en général, applicables à la cession des créances litigieuses ; seulement cette cession étant soumise à quelques règles spéciales, il convient d'étudier les modifications apportées aux principes généraux par le caractère litigieux de la créance.

79. — Les Procès sont évidemment un mal qui se développe d'une manière nuisible à l'intérêt social; ils sont contraires *au bien de la paix*, comme dit Pothier; il est donc utile que le législateur les arrête à leur naissance. C'est pourquoi nous trouvons des lois qui prohibent la cession des droits litigieux, ou qui du moins autorisent ceux contre

lesquels de pareils droits ont été cédés à anéantir le procès en rendant au cessionnaire ce qu'il a payé au cédant.

80. — Le droit romain avait posé en principe: *quæ in judicium deductæ sunt actiones minime transferri liceat* (1) Et en conséquence, le procès devait se continuer entre les mêmes parties, comme s'il n'y avait pas eu de vente.

Dans l'ancienne jurisprudence on admettait le principe contraire: *En général, chose litigieuse, peut-être cédée ou vendue* (2).

Le principe était soumis à deux restrictions. 1°. Il fut défendu à certaines personnes d'accepter la cession de tels droits, 2°. On appliqua à cette matière les lois d'Anastase et de Justinien, on défendit au cessionnaire d'exiger du débiteur, au delà du prix par lui payé, et l'on déchargea le cédant de toute garantie.

81. — Comme l'ancienne jurisprudence, le Code admet en principe la cession des droits litigieux, comme elle, il la prohibe dans certains cas, et dans les cas où il l'admet, il accorde au débiteur cédé le droit de retrait.

82. — Recherchons d'abord ce qu'il faut entendre par *droit litigieux*. Notre ancienne jurisprudence présente sur ce point deux opinions.

(1) V. leg. 2 C., de litigiosis.
(2) V. Rousseau-Lacombe, Transp. 12.

Les uns (1) ne voyaient le caractère litigieux que lorsqu'il y avait procès commencé? Les autres (2) pensaient que ce caractère devait se déterminer d'après les circonstances. On appelle créances litigieuses, dit Pothier, celles qui sont contestées ou peuvent l'être. Nous lisons aussi dans Denizart : « on comprend sous le nom de cession de droit « litigieux la cession des droits contestés ou sujets « à contestation. »

L'art. 1700, nous dit : *La chose est censée litigieuse, dès qu'il y a procès et contestation sur le fond du droit.* Cet article ne fait pas disparaître la controverse. On se demande encore si cette définition est conçue dans un esprit d'exclusion, en ce sens qu'un droit ne serait litigieux que quand il est contesté au fond dans une instance; ou si au contraire elle est conçue d'une manière énonciative. Les uns, s'en tenant à la disposition même, exigent pour qu'un droit soit litigieux, qu'il y ait procès engagé sur le fond; les autres pensent que si un droit est réputé litigieux, par cela seul qu'il y a contestation engagée, il ne s'ensuit pas qu'il ne soit réellement litigieux que dans ce cas, car il faut reconnaître qu'il y a des prétentions susceptibles de contestations, et qui ont vraiment un caractère litigieux avant toute instance introduite.

(1) V. Rousseau-Lacombe. Transp. 12.
(2) V. Pothier, Vente, 583,

Nous n'adoptons pas cette dernière opinion, d'abord parce qu'on ne peut pas soutenir, en présence des expressions du Code, que le législateur a voulu reproduire la doctrine de Pothier, en outre, parce que, en adoptant ce système, on verrait reparaître les difficultés, les incertitudes de l'ancien droit, que le Code a voulu précisément prévenir. Ainsi, nous décidons que l'art. 1700 a un sens limitatif ; les droits ne peuvent donc être réputés litigieux que si le procès est commencé (il ne suffit pas qu'il y ait crainte ou possibilité d'une contestation). Et le Code ajoute une deuxième condition, il faut que la contestation porte sur le fond du droit, c'est-à-dire qu'il faut que le droit de créance soit attaqué dans son existence même. Il faut que le défendeur oppose des moyens tendant à faire rejeter la demande. Il ne suffirait pas que le débiteur opposât des moyens de défense qu'on appelle des exceptions.

83.—Nous pouvons maintenant étudier la règle de l'art. 1699 ainsi conçu : « Celui contre lequel on a cédé un droit litigieux peut s'en faire tenir quitte par le cessionnaire, en lui remboursant le prix réel de la cession avec les frais et loyaux coûts, et avec les intérêts à compter du jour où le cessionnaire a payé le prix de la cession à lui faite. »

Cette faculté accordée au débiteur constitue ce

qu'on appelle le retrait litigieux (1). L'origine de ce retrait est évidemment dans les constitutions d'Anastase et de Justinien ; seulement le droit accordé par Anastase au débiteur cédé dans tous les cas, fut restreint comme le voulait Dumoulin; il ne fut accordé que dans les cas où la créance cédée était litigieuse (2). Cette règle, comme nous dit Pothier, fut adoptée même dans les pays qui n'étaient pas soumis au droit romain (3). Ainsi, de droit commun le cédé pouvait se faire tenir quitte par l'acheteur en lui remboursant ce qu'il en avait payé avec les intérêts du prix réellement baillé. Quant aux intérêts, ils n'étaient dus que depuis la signification du transport, car le débiteur pouvait dire que si la signification avait été faite plus tôt, il aurait remboursé plus tôt et eût par là empêché les intérêts de courir.

Le Code n'a pas changé l'ancienne jurisprudence, et sa rigueur s'explique quand on considère que les acheteurs de procès spéculent sur les besoins d'argent des vendeurs, et qu'ils deviennent un moyen de vexation contre le cédé.

84. — Examinons maintenant à quelles conditions peut s'exercer le retrait. Qu'est-ce que le cédé

(1) V. M. Bugnet sur Poth., Traité des retraits, 259, no 1.
(2) V. Ferrière sur Paris, art. 108, § 3. V. Rousseau de Lacombe, Transp. V. Despeisses, t. I, sect. 2, no 4.
(3) V. Vente. 590.

doit rembourser au cessionnaire? La loi nous le dit : 1° Le *prix réel* de la cession (remarquons que le prix réel est mis par opposition au prix déclaré, et que, par conséquent, le débiteur doit être admis à prouver que le prix déclaré excède le prix réel); 2° les frais et loyaux coûts (ce ne sont aussi que les frais et loyaux coûts calculés sur le prix réel); 3° les intérêts. Dans l'ancien droit, c'étaient les intérêts à partir du jour de la signification, parce que c'était à ce moment seulement que le cédé était mis en demeure ; aujourd'hui ce sont les intérêts à compter du jour où le cessionnaire a payé le prix de la cession à lui faite (1), parce que le Code a pensé que l'on devait indemniser complétement le cessionnaire.

85. —Les actes qui donnent lieu au retrait sont tous les actes à titre onéreux. L'art. 1699 ne se refère qu'au cas de vente ; mais l'art. 1707 nous permet de l'étendre au cas d'échange. Si la cession était faite à titre gratuit, il n'y aurait pas lieu au retrait ; c'est ce qu'on décidait en droit romain et dans l'ancienne jurisprudence (2), et c'est ce qui résulte implicitement des termes mêmes de notre article, qui nous parle du remboursement du *prix réel*.

86. — Jusqu'à quel moment le cédé pourra-t-il exercer le retrait litigieux? Il ne peut l'exercer que

(1) V. M. Bugnet sur Poth., Vente, p. 236, note 1.
(2) V. Pothier, no 591, et M. Bugnet, note 2.

tant que le procès n'est pas terminé, car il ne serait pas juste que le cédé, qui a perdu, voulût user du retrait litigieux puisqu'il aurait un moyen de se libérer sans payer toute la créance. Mais tant qu'il y a procès, c'est-à-dire même en appel ou devant une Cour de renvoi après cassation, le débiteur peut user du retrait, car il y a toujours un procès à éviter et le motif de la loi reste.

Les fraudes que l'on pourrait commettre à ce sujet doivent modifier la règle que nous donnons. Ainsi, un cessionnaire se présente comme mandataire du cédant ; le cédé, qui croit avoir affaire au cédant, ne pourra pas exercer le retrait, et puis, après la condamnation, le cessionnaire lui fera signification du transport. Il faut décider, dans ce cas, que le cédé sera restitué contre cette fraude. De même il faut décider que la faculté du retrait donnée au cédé ne peut pas devenir pour lui un moyen de fraude.

87. — L'ancien droit reconnaissait des exceptions à la faculté d'exercer le retrait. Ainsi, le retrait ne pouvait pas avoir lieu au cas de cession à titre de donation, dans les trois cas exceptés dans la loi *ab Anastasio* (1) et dans quelques autres cas ajoutés par la jurisprudence (2).

(1) V. Pothier, n°s 593 et 594.
(2) V. Pothier, n° 594. V. Bretonnier, Quest. D. litig. V. Denisart, Cession d. D. litig., § 2, n° 3.

L'art. 1701 énumère les trois cas d'exception indiqués dans la loi d'Anastase ; ce sont des cas dans lesquels le cessionnaire n'a pris cette qualité que pour se maintenir dans un droit déjà acquis, dès lors il perd son caractère odieux ; ce n'est plus un spéculateur et l'exception est admise.

Ces cas sont : 1° Celui où la cession a été faite à un cohéritier ou copropriétaire du droit litigieux cédé. La loi romaine et Pothier supposent que cette cession est faite à un cohéritier par son cohéritier ; faut-il admettre aussi que l'exception n'a lieu que dans ce cas et qu'elle n'aurait pas lieu si la cession était faite à un cohéritier par un autre qu'un cohéritier ? Au premier abord, il semble que notre texte comprend les deux hypothèses. Cependant nous ne croyons pas qu'il y ait sur ce point différence avec l'ancien droit, car l'art. 1701 exige que le cessionnaire soit un copropriétaire ou un cohéritier du droit cédé ; or, un droit commun ne pouvant être cédé que par l'un des communistes, exiger chez le cessionnaire la qualité de propriétaire, c'est dire implicitement que le cédant a aussi cette qualité.

2° Lorsque la cession a été faite à un créancier en paiement de ce qui lui est dû.

3° Lorsque la cession a été faite au possesseur de l'héritage sujet au droit litigieux.

Pothier, dans ces deux cas, faisait une distinction qui n'a pas été reproduite par le Code. Il distinguait si le créancier pouvait ou non facilement se faire payer autrement que par une cession, ou si le tiers détenteur était ou non valablement garanti, n'admettant l'exception que dans le premier cas. Cette doctrine exigeait un procès préalable sur cette question de fait. Le Code a donc bien fait de ne pas la reproduire.

Pothier ajoute une quatrième exception ; il suppose qu'un vendeur de domaine a vendu des créances litigieuses en même temps et au sujet de ce domaine, et il conclut que, dans ce cas, le retrait ne pourra pas être exercé. On s'accorde sur ce résultat, seulement les uns disent qu'il y a en effet là une quatrième exception ; d'autres disent qu'il n'y a pas d'exception parce que l'hypothèse n'est pas comprise dans la règle, parce qu'il n'y a pas vente de chose litigieuse, mais vente des domaines avec tout ce qui en dépend.

88.— Il nous reste à étudier les restrictions apportées à la faculté de devenir cessionnaire des droits litigieux.

L'ancienne jurisprudence, en principe, admettait la cession des droits litigieux ; cependant ce contrat fut défendu à certains personnes, aux juges, avocats et procureurs exerçant leurs fonctions près le tribunal où le procès devait être porté. L'origine de cette disposition se trouve dans le droit romain. Les uns (1) la voient dans la loi 46 de *contrah empt.*; d'autres dans la constitution 1, C. *ne liceat potent.*, dans laquelle Dioclétien renouvelle la défense faite aux *potentiores* de se présenter comme cessionnaires du droit d'autrui (2).

89. — L'art 1597 est ainsi conçu : « les juges, leurs suppléants, les magistrats remplissant le ministère public, les greffiers, huissiers, avoués, défenseurs officieux et notaires ne peuvent devenir cessionnaires des procès, doits et actions litigieux qui sont de la compétence du tribunal, dans le ressort duquels ils exercent leurs fonctions, à peine de nullité et des dépens, dommages et intérêts. »

Examinons d'abord à quelles personnes s'applique cet article. Le mot *juges* comprend certainement les magistrats, quel que soit leur degré dans la hiérarchie judiciaire; si nous ne trouvons pas le mot *conseiller*, c'est qu'à l'époque de la promulgation de cet article, il n'y avait que des juges. Le mot défenseur officieux comprend les agréés près les tribunaux de commerce et les avocats dont l'ordre, supprimé en 1790, n'était pas encore rétabli lors de la rédaction du titre de la vente. Nous comprendrons également dans cet article les con-

(1) Despeisses et Denizart. V. Ord. de St-Louis, 1254, art. 13.

(2) V. Ord. de Charles V, 1356, art. 22. — Ord. de 1535, François Ier. — Art. 54, ord. d'Orléans 1560. — Ord. de Louis XIII, 1629, art. 94.

seillers de préfecture, les conseillers d'État, les maires, les préfets qui, dans certains cas, sont de de véritables juges. L'art ne s'applique d'ailleurs que lorsque la cession comprend des droits litigieux qui sont de la compétence, dans le ressort duquel ces personnes exercent leur fonction.

90. — Ici se présente la question de savoir si le caractère du droit litigieux doit se déterminer par l'art. 1700, ou si, au contraire, le droit est litigieux dans l'art. 1597 toutes les fois qu'il y a procès ou seulement lieu à l'appréhender.

Nous décidons que le caractère litigieux du droit cédé ne doit pas se déterminer par l'art. 1700, tel que nous l'avons entendu. Et voici quelles raisons nous déterminent. C'est que l'art. 1700 a pour but d'expliquer l'art. 1699 qui parle du retrait litigieux; pourquoi étendre à une autre matière une définition toute restrictive? Le texte même de notre article corrobore notre opinion, il énumère : les *procès*, *droits* et *actions*, n'est-ce pas indiquer qu'il peut y avoir droit litigieux sans qu'il y ait procès commencé; n'est-ce pas adopter l'opinion de Pothier? On comprend, d'ailleurs que la loi soit plus sévère quand il s'agit de sauvegarder un intérêt public que lorsqu'il s'agit d'admettre à exercer le retrait.

91. — Il faut examiner maintenant quelle est la sanction de l'art. 1597. Cet article nous dit que

les personnes qu'il énumère ne peuvent devenir cessionnaires à peine de nullité et des dépens, dommages et intérêts. Mais quelles sont les personnes qui ont le droit de demander cette nullité? Dans un premier système, on dit qu'il s'agit d'une nullité relative. Un deuxième système consiste à dire qu'il s'agit d'une nullité absolue (1). Le premier système se subdivise : les uns disent que le cédé seul peut demander la nullité (2) ; le autres admettent aussi le cédant à la demander (3). Les divergences viennent de ce que l'on n'est pas d'accord sur les motifs de notre article. Les uns ne voient, dans cette décision de la loi, qu'une protection pour le cédé ; les autres étendent cette idée au cédant ; enfin, d'autres font prédominer le motif d'ordre public.

C'est ce dernier système que nous adoptons. Il nous paraît plus conforme à l'esprit qui a guidé le législateur. On a voulu, comme disait M. Portalis, que ceux par qui la justice doit être rendue, puissent être respectés comme la justice même. C'est ce motif d'ordre public qui a prédominé.

Mais il faut appliquer ce système aux différentes hypothèses qui peuvent se présenter.

1° La cession étant faite, supposons que le ces-

(1) V. M. Duvergier, I, 200.
(2) V. M. Duranton, XVI, 143.
(3) V. M. Zachariæ, II, p. 57.

sionnaire n'a pas encore actionné le cédant. Le cédé dans ce cas n'a pas à agir ; restent le cédant et le cessionnaire, et nous décidons que l'un comme l'autre peut invoquer la nullité. Et il ne faut pas objecter au cessionnaire la maxime : *Nemo ex delicto actionem consequi debet.* Cette maxime ne doit pas être prise hors de son sens naturel, elle signifie que le délit ne peut pas être une cause d'acquisition nouvelle, que le cessionnaire ne peut pas faire valoir la cession en justice ; mais l'obligation sur cause illicite ne pouvant produire aucun effet (art. 1131), il ne peut pas être lié et obligé, si ni le cédant, ni le cédé ne demandent la nullité.

2° Supposons que le cessionnaire a actionné le cédé, mais que le jugement n'est pas rendu, nous décidons comme précédemment que le cédant et le cessionnaire peuvent invoquer la nullité ; mais il y a de plus le cédé, et le cédé peut invoquer la nullité, refuser de répondre au cessionnaire. Mais nous décidons qu'il pourrait aussi invoquer l'art. 1699. Il est vrai qu'on peut nous objecter qu'ici la cession est nulle absolument et que le cédé ne peut pas nvoquer l'art. 1699 qui suppose la validité de la cession. A cela nous répondrons que le code contient deux règles, celle de l'art. 1597 et celle de l'art. 1699, et qu'il faut faire à chacune la part qui leur revient. En effet, si le cédé se trouvait devant un cessionnaire ordinaire, il aurait le privilége de l'art. 1699, et quand il se trouverait devant le cessionnaire de l'art. 1597, il n'aurait pas ce bénéfice. On ne peut pas admettre cette conséquence, nous dirons donc que le cédé a deux moyens à sa disposition.

3° Le cédé peut encore plaider contre le cessionnaire, et nous arrivons par là à notre troisième hypothèse. Nous supposons que le cessionnaire a actionné le cédé et que le jugement est rendu; même après ce jugement le cédant peut agir et demander la nullité. Si le cédé a gagné son procès, il est évident que le cédant ne demandera pas la nullité de la cession contre le cessionnaire, ce serait contraire à son intérêt, il attaquera seulement le cessionnaire pour se faire indemniser de ce que la mauvaise direction donnée au procès lui a fait perdre ses droits. Mais pourra-t-il agir contre le cédé et lui dire : puisque la cession est nulle, vous ne deviez pas accepter le litige avec le cessionnaire, le jugement qui est intervenu ne me regarde pas. Nous pensons que, non parce que le cédé répondrait que le cessionnaire était le mandataire du cédant et que par conséquent la chose jugée est opposable à lui cédant.

92. — Il nous reste à examiner une dernière question : les exceptions à 1699 (v. art. 1701), sont-elles également des exceptions à l'art. 1597 ?

Dans l'ancienne jurisprudence, l'affirmative était

généralement admise (1). Le Tribunat semble aussi avoir adopté cet avis (2). Cependant, il nous semble qu'il vaut mieux adopter la négative en présence du texte positif de l'art. 1701. La disposition *portée en l'art.* 1679 cesse, dit-il, etc... Cette rédaction limitative ne nous permet pas d'appliquer cet art. 1701 à l'art. 1597. D'ailleurs, il ne faut pas oublier que l'art. 1597 n'a pas seulement pour but de réprimer la spéculation, il veut sauvegarder l'intérêt du cédé et du cédant, et aussi assurer l'ordre public. Or, on comprend que l'intérêt privé serait lésé si les personnes énumérées dans l'art. 1597, qui ont une influence souvent décisive sur les procès, pouvaient se faire céder des droits litigieux et que l'intérêt général veut que la dignité de la justice soit respectée et que ceux qui la représentent, ceux qu'Ulpien appelle *sacerdotes*, ne manquent pas à leur mandat; dès lors qu'importe que la cession soit faite sans spéculation ? le résultat doit toujours être le même; les exceptions de l'art. 1701 ne peuvent donc pas s'appliquer à la règle de l'art. 1597.

(1) V. Despeisses, I, sect. 2, § 4.
(2) V. Fenet, t. 14, p. 205.

POSITIONS.

DROIT ROMAIN.

I. — La position du cessionnaire est la même, soit qu'il agisse par l'action utile, soit qu'il agisse par l'action directe.

II. — Le cessionnaire peut se prévaloir des *privilegia causæ*, mais non des *privilegia personæ* appartenant au cédant.

III. — S'il y a eu deux ventes successives d'un même *fundum* par des vendeurs non propriétaires, on doit rejeter l'opinion de Nératius et adopter l'opinion commune rapportée et approuvée par Ulpien, *in Leg.* 9, § 4, *de publ. in rem act.* ff.

IV. — Il est impossible de concilier les lois 38, § 1, *de Solutionibus*, ff. et 3, § 12, *de Donat. inter vir. et uxorem*, ff.

V. — L'acheteur averti des chances d'éviction ne peut, lorsqu'il est évincé, exiger du vendeur la restitution de son prix.

DROIT FRANÇAIS.

I. — L'endossement, quand il transporte le droit de créance, transporte aussi les priviléges et hypothèques qui le garantissent.

II. — Les quittances sont opposables au cessionnaire, quand même elles n'ont pas date certaine antérieure à la cession.

III. — Le cessionnaire ne peut intenter les actions en nullité ou en rescision, mais il peut intenter l'action en résolution.

IV. — L'hypothèque consentie pour un crédit ouvert, prend rang à la date de son inscription.

V. — L'indisponibilité qui résulte de la saisie-arrêt, ne s'étend pas au delà des causes de la saisie.

VI. — Le cessionnaire, ayant par la signification opéré saisie-arrêt, ne peut avoir comme concurrents que les créanciers du cédant, ayant saisi et arrêté avant la signification. les saisies postérieures sont complétement nulles, et quant à lui, et quant aux saisissants.

DROIT CRIMINEL.

I. — La cour d'assises, jugeant sans l'assistance du jury, peut déclarer des circonstances atténuantes.

II. — Un procureur général, qui a reçu du gouvernement l'ordre d'entamer une poursuite, est lié par cet ordre; mais il n'est pas tenu de conclure à l'audience dans l'intérêt de la poursuite.

DROIT DES GENS.

I. — Les traités continus sont suspendus par la guerre.

II. — Ils revivent de plein droit après la conclusion de la paix.

HISTOIRE DU DROIT.

I. — On ne peut pas dire d'une manière absolue que l'établissement des Francs dans la Gaule a eu un caractère de violence.

II. — Dans les pays coutumiers, le droit romain avait seulement autorité comme raison écrite, et non comme droit commun.

DROIT COMMERCIAL.

I. — Celui qui, n'ayant qu'un endossement irrégulier, a transmis la lettre par un endossement régulier, est obligé vis-à-vis du porteur.

II. — Quand une créance hypothécaire est transmise par endossement, dans le cas de purge, les droits du porteur et du tiers détenteur peuvent se concilier.

Vu par le Président de la Thèse,

E. Bonnier.

Vu par le Doyen de la Faculté,

C. A. Pellat.

Permis d'imprimer :

Le Vice-Recteur de l'Académie,

Cayx.

TABLE DES MATIÈRES.

—

DROIT ROMAIN.

DROIT FRANÇAIS.

www.ingramcontent.com/pod-product-compliance
Ingram Content Group UK Ltd.
Pitfield, Milton Keynes, MK11 3LW, UK
UKHW022056190726
13855UKWH00002B/515

9 782013 070492